Д-р Джей Рок Ли

Бодрствуйте
и МОЛИТЕСЬ

URIM
BOOKS

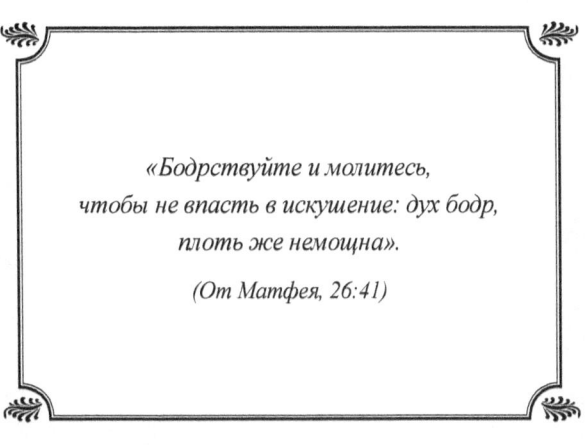

«Бодрствуйте и молитесь,
чтобы не впасть в искушение: дух бодр,
плоть же немощна».

(От Матфея, 26:41)

БОДРСТВУЙТЕ И МОЛИТЕСЬ: Автор – д-р Джей Рок Ли
Издано «Urim Books». (Президент – Сёнкеон Вин)
235-3, Guro-dong3, Guro-gu, Сеул, Корея, 152-848
www.urimbooks.com

Издана на корейском языке издательством «Urim Books» в 1992 году. Изданавпервые на английском языке в феврале 2007 года.

Впервые издана на русском языке в Февраль 2013 г.

Редактор – д-р Гам Сан Вин.
Дизайн издательского бюро «Urim Books».
Напечатано типографской компанией «Yewon».
За дополнительной информацией обращайтесь:
urimbook@hotmail.com

Предисловие к изданию

Бог повелевает нам непрестанно молиться. Но Он также объясняет нам, почему необходима постоянная молитва и как именно мы должны молиться, чтобы не впасть в искушение.

Так же, как физически здоровому человеку не трудно нормально дышать, духовно здоровому человеку не трудно жить по Слову Божьему и непрестанно молиться. Насколько много мы молимся, настолько будет преуспевать душа наша, мы же будем здоровы и благополучны. Поэтому невозможно переоценить значение молитвы.

Человек, чья жизнь закончилась, не может дышать. Так же и духовно мертвый человек не способен обрести духовное дыхание. Из-за грехопадения Адама человеческий дух умер, но те, в ком дух ожил силой Духа Святого, должны пребывать в постоянной молитве и ни на минуту не останавливать дыхание.

Начинающие верующие, недавно принявшие Иисуса

Христа, подобны младенцам. Они не знают, как молиться, и склонны считать молитвы утомительными. Но если они не сдаются и уповают на Слово Божье, постоянно пребывая в молитве, их дух возрастает и укрепляется. И тогда они начинают понимать, что не могут жить без молитвы, подобно тому, как люди не могут жить без дыхания.

Молитва – это не только наше духовное дыхание, но и канал для диалога между Богом и Его детьми, который всегда должен оставаться открытым. Во многих современных семьях между родителями и детьми нет общения, и это – настоящая трагедия. Разрушено взаимное доверие, а отношения между членами семьи сведены к простой формальности. Однако нет ничего такого, о чем бы мы не могли рассказать Богу.

Наш Всемогущий Бог – заботливый Отец, Который лучше всех знает и понимает нас, всегда слушает нас и желает, чтобы мы снова и снова обращались к Нему. Для всех верующих молитва – это ключ к сердцу Всемогущего Бога и орудие, действующее вне времени и пространства. Разве мы не слышали, не видели и не знаем, как изменились жизни многих христиан и как менялся ход мировой истории в результате мощной молитвы?

Если мы со смирением просим помощи Святого Духа, то Бог исполнит нас Своим Духом, пошлет нам более ясное понимание Своей воли, чтобы нам жить в согласии с ней, и даст нам силы преодолеть зло этого мира. Но если человек не молится и, следовательно, не следует за Святым Духом, то он обречен полагаться на собственные теории и измышления, жить вдали от истины, уклоняясь от воли Божьей, и ему трудно будет получить спасение. Поэтому в Послании к Колоссянам, 4:2, Библия говорит нам: *«Будьте постоянны в молитве, бодрствуя в ней с благодарением».* То же сказано и в Евангелии от Матфея (26:41): *«Бодрствуйте и молитесь, чтобы не впасть в искушение: дух бодр, плоть же немощна».*

Иисус, Единородный Сын Божий, смог исполнить волю Божью только благодаря силе молитвы. Перед началом Своего публичного служения Господь Иисус постился в течение 40 дней и показал нам пример молитвенной жизни, всегда находя время взывать к Богу во время Своего трехлетнего служения.

Многие христиане понимают важность молитвы, но не все получают ответы на свои молитвы, потому что не знают, как следует молиться по воле Божьей. Мое сердце болит, когда я слышу о таких людях, и я рад, что сейчас имею эту возможность издать книгу о молитве, основанную на 20-летнем опыте служения и на моем личном опыте.

Я надеюсь, что эта небольшая книга станет важным подспорьем для каждого читателя в том, чтобы встретить и общаться с Богом и иметь действенную молитвенную жизнь. Пусть каждый из вас бодрствует и постоянно молиться, чтобы здравствовать и преуспевать во всем, как преуспевает душа ваша. Я молюсь об этом во имя Иисуса Христа!

Джей Рок Ли

Содержание

Глава 1

Просите, ищите и стучите

От Матфея, 7:7-11

«Просите, и дано будет вам; ищите, и найдете; стучите, и отворят вам; ибо всякий просящий получает, и ищущий находит, и стучащему отворят. Есть ли между вами такой человек, который, когда сын его попросит у него хлеба, подал бы ему камень? И когда попросит рыбы, подал бы ему змею? Итак, если вы, будучи злы, умеете даяния благие давать детям вашим, тем более Отец ваш Небесный даст блага просящим у Него».

Бог дает даяния благие, просящим у Него

Бог не желает, чтобы Его дети страдали от бедности или от болезней, но хочет, чтобы они во всем преуспевали. Однако если мы праздно сидим, не прикладывая никаких усилий, мы ничего не пожнем. Бог мог бы отдать нам всю Вселенную, потому что вся Вселенная принадлежит Ему, но Он хочет, чтобы мы просили, искали и прилагали свои усилия, так как известно, что просящему дано будет.

Человек, ожидающий получить благословения, но при этом ничего не делающий для этого, мало чем отличается от растения, посаженного в саду. Как огорчились бы родители, если бы их дети вели себя, как растения, весь день проводя в постели и не прилагая никаких усилий, чтобы жить своей собственной жизнью? Так и ведут себя ленивые люди, праздно сидя весь день под пальмой и ожидая, когда банан сам упадет к их ногам.

Бог хочет, чтобы мы стали Его мудрыми и усердными детьми, которые просят, ищут и стучат, чтобы снискать Его благословение и прославить имя Его. Именно поэтому Бог повелевает нам просить, искать и стучать. Никакой родитель не протянет ребенку камень, когда тот просит хлеба. Никто не даст своему ребенку змею, когда он просит рыбы. И если родители, будучи злы, способны давать своим детям даяния благие, то не думаете ли вы, что Бог, возлюбивший нас так, что отдал за нас Своего Единородного Сына, откажет нам в благих дарах, если мы просим Его об этом?

В Евангелии от Иоанна, 15:16, Иисус говорит нам: *«Не вы Меня избрали, а Я вас избрал и поставил вас, чтобы вы шли и приносили плод и чтобы плод ваш пребывал, дабы, чего ни попросите от Отца во имя Мое, Он дал вам».* Здесь мы читаем о торжественном обещании Всемогущего Бога открыть для нас Небесные врата, благословить нас и даже исполнить желания нашего сердца, если мы будем просить, искать и стучать.

Давайте, основываясь на этих словах Евангелия, посмотрим, как именно мы должны просить, искать и стучать, чтобы нам получить ответ от Бога во имя Его великой славы и полноты нашей радости.

Просите, и дано будет вам

Бог говорит всем людям: «Просите, и дано будет вам» – и желает, чтобы каждый просящий, получил то благословение, о котором он просит. О чем же Бог говорит нам просить Его?

1) Просите о Божьей силе и о том, чтобы увидеть лицо Его

После того как Бог создал небо и землю, Он создал человека. И благословил Бог человека, повелев ему плодиться и размножаться, наполнять землю и обладать ею, владычествуя над рыбами морскими, и над птицами небесными, и над всеми животными земными.

Но после того как первый человек, Адам, ослушался Бога, он утратил эти благословения и, услышав Бога, спрятался от Него (Бытие, 3:8). Кроме того, и все человечество, став грешным, удалилось от Бога, избрав путь разрушения и превратившись в рабов врага дьявола.

Ради этих грешников любящий Бог послал Сына Своего, Иисуса Христа, на землю, чтобы открыть для них путь спасения. И каждому, кто принимает Иисуса Христа как своего личного Спасителя и исповедует имя Его, Бог прощает все его грехи и дарит Святого Духа.

Вера в Иисуса Христа ведет нас к спасению и помогает нам получить силу Божью. Мы можем жить успешной религиозной жизнью, только если Бог дает нам Свои силы. Иными словами, мы можем преодолеть мир и жить по Слову Божьему, только снискав благодать и силу Свыше. И мы нуждаемся в Божьей силе, чтобы победить дьявола.

Псалом, 104:4, говорит нам: *«Ищите ГОСПОДА и силы Его, ищите лица Его всегда»*. Наш Бог есть СУЩИЙ (Исход, 3:14); Создатель неба и земли (Бытие, 2:3), Он управляет всем ходом истории и всей Вселенной от начала и во веки веков. Бог есть Слово, и Словом Своим Он создал все во Вселенной, потому что в Слове Его заключена сила. Слова людей изменчивы и не имеют в себе созидательной силы. Слова человека лукавы и непостоянны, но Слово Божье живо, оно исполнено власти и имеет в себе силу совершать дела творения.

Поэтому, как бы слабы мы ни были, если мы слышим и без сомнения принимаем живое Слово Божье, мы также обретаем силу творить и создавать что-либо из ничего. Без веры в Слово Божье невозможно создать что-либо из ничего. Поэтому Иисус сказал пришедшим к Нему: *«Да будет вам по вере вашей»* (От Матфея, 8:13). Итак, когда мы просим о силе Божьей, мы, тем самым, просим Бога, чтобы Он даровал нам веру.

Но что означают слова «ищите лица Его всегда»? Мы не можем сказать, что узнаем человека, если никогда не видели его лица. Так же и в этом случае: поиск лица Божьего указывает на наши усилия познать Самого Бога. Те, кто раньше избегали Божьего лица и уклонялись от Его голоса, теперь открывают свои сердца, ищут и постигают Бога, всегда стремясь услышать Его голос. Грешник не может поднять свою голову, но прячет лицо свое от других. Получив же прощение, он может поднять голову и посмотреть на окружающих его людей.

Все мы стали грешниками из-за непослушания Слову Божьему. Однако, получив прощение и приняв Иисуса Христа, мы становимся детьми Божьими, принимаем Духа Святого и теперь можем взирать на Господа, Кто есть Свет, потому что мы облеклись в Его праведность.

Главная причина, по которой Бог велит всем Своим детям «искать лица Его», в том, что Он хочет, чтобы все грешники примирились с Богом, получили в дар Святого Духа, прося увидеть лицо Его, и стали детьми Его, стоящими перед лицом Божьим. Когда человек становится сыном Бога Творца, он обретает Небеса, вечную жизнь и блаженство, и нет большего благословения, чем это.

2) Просите о расширении Царства Божьего и правде Его

Человек, получивший Духа Святого и ставший дитем Божьим, обретает новую жизнь, так как он рождается Свыше от Духа. Для Бога даже одна душа драгоценней неба и земли, и поэтому Он повелевает нам стремиться прежде всего к Царству Божьему и правде Его (От Матфея, 6:33).

Иисус говорит нам в Евангелии от Матфея (6:25-33):

«Посему говорю вам: не заботьтесь для души вашей, что вам есть и что пить, ни для тела вашего, во что одеться. Душа не больше ли пищи, и тело – одежды? Взгляните на птиц небесных: они ни сеют, ни жнут, ни собирают в житницы; и Отец ваш Небесный питает их. Вы не гораздо ли лучше их? Да и кто из вас, заботясь, может прибавить себе росту [хотя] на один локоть? И об одежде что заботитесь? Посмотрите на полевые лилии, как они растут: ни трудятся, ни прядут; но говорю вам, что и Соломон во всей славе своей не одевался так, как всякая из них; если же траву полевую, которая сегодня есть, а завтра будет брошена в печь, Бог так одевает, кольми паче вас, маловеры! Итак не заботьтесь и не говорите: ,,что нам есть?" или ,,что пить?" или ,,во что одеться?" Потому что всего этого ищут язычники, и потому что Отец ваш Небесный знает, что вы имеете нужду во всем этом. Ищите же прежде Царства Божия и правды Его, и это все приложится вам».

Что значит искать «Царства Божия и правды Его»? Почему мы должны просить о расширении Царства Божьего и о правде Его?

Ради людей, которые оказались в рабстве у врага дьявола и были обречены на погибель, Бог послал Своего Единородного Сына на землю и дозволил, чтобы Иисус умер на кресте. Благодаря жертве Иисуса Христа, Бог восстановил нашу утерянную власть и позволил нам встать на путь спасения. Чем больше мы распространяем Благую Весть об Иисусе Христе, Который умер за нас и воскрес, тем больше мы разрушаем силы сатаны. Разрушая силы сатаны, мы приводим все больше душ к спасению. А чем больше душ спасается, тем более расширяется Царство Божье. Итак, повеление искать Царства Божьего означает повеление трудиться ради спасения душ и евангелизации мира, чтобы все люди могли стать детьми Божьими.

Мы жили во тьме, среди зла и греха, но через жертву Иисуса Христа мы можем с дерзновением предстать перед Богом, Который есть Свет. Бог обитает в праведности и свете, и во зле и грехе мы не смогли бы ни предстать перед Ним, ни стать детьми Его.

Итак, повеление искать Божьей правды означает, что мы должны молиться о пробуждении духа человека, о преуспевании его души и о том, чтобы он, живя по Слову Божьему, стал праведным. Мы должны просить Бога, чтобы Он позволил нам слышать Слово Божье и просвещаться им, обитать в свете и, оставив зло и грех, стать освященными, подобно тому, как свят Бог.

Отбросить дела плоти, согласно желанию Духа Святого, и стать освященными, живя в истине, значит достигнуть уровня Божьей праведности. Кроме того, прося о достижении Божьей праведности, мы будем здравствовать и преуспевать во всем, как преуспевает наша душа (3-е посл. Иоанна, 1:2). Поэтому Бог повелевает нам искать прежде Царства Божьего и правды Его и обещает, что все остальное приложится.

3) Просите, чтобы стать Его служителями и исполнять возложенные на вас Божьи обязанности

Если вы просите о расширении Царства Божьего и о правде Его, вы также должны просить и о том, чтобы стать Его служителями. Если вы уже трудитесь для Бога, вам следует искренне молиться о ревностном исполнении Божьих обязанностей. Бог воздает всякому, искренне ищущему Его (Посл. к Евреям, 11:6), и воздаст каждому по делам его (Откровение, 22:12).

В Книге Откровения, 2:10, Иисус говорит: «... *Будь верен до смерти, и дам тебе венец жизни».* Даже в этой жизни, если ученик усердно занимается, то он может поступить в хороший университет и учиться бесплатно. А если упорно трудиться на работе, то можно получить повышение по службе и более высокую зарплату.

Так же и дети Божьи, когда они старательно трудятся при исполнении Божьих обязанностей, то им будут даны более важные поручения и еще большие награды. Награды этого мира не сравнимы с тем, что Бог приготовил для нас на Небесах. Каждый из нас, на своем месте, должен стремиться возрастать в вере и молиться, чтобы стать ценным Божьим служителем.

Если у вас еще нет обязанностей в церкви, молитесь, чтобы Бог избрал вас работником для Царства Божьего. Если же вам уже доверена какая-то обязанность, молитесь, чтобы исполнять ее в совершенстве. Простой прихожанин должен молиться, чтобы стать диаконом, а диакон – чтобы стать старейшиной церкви. Лидер ячейки должен молиться, чтобы стать ассистентом лидера района, а районный лидер – чтобы подняться еще выше.

Это не значит, что мы должны стремиться к титулам диакона или старейшины. Мы должны гореть желанием исполнять свои обязанности, прилагая все усилия, чтобы Бог мог еще больше использовать нас в служении Ему.

Самое главное качество в человеке, которому Бог поручил задание, – это верность, благодаря которой он сможет исполнить даже больше того, что ему было поручено. Он должен постоянно молиться, чтобы Бог мог воздать ему должное, сказав: «Хорошо, добрый и верный раб!».

В 1-м послании Коринфянам, 4:2, сказано: *«От*

домостроителей же требуется, чтобы каждый оказался верным». Итак, каждый из нас должен молиться о том, чтобы стать верным служителем Божьим в церкви – Теле Христовом.

4) Просите о хлебе насущном

Чтобы освободить нас от нищеты, Иисус родился бедным. Иисус проливал Свою кровь и был бит плетьми, чтобы избавить нас от всякой болезни и немощи. Для детей Божьих естественным является жить здоровой полнокровной жизнью, имея успех во всяком деле.

Когда мы прежде всего просим о Царстве Божьем и правде Его, тогда Бог прилагает нам и все остальное (От Матфея, 6:33). Иными словами, после молитвы о Царстве Божьем и праведности Его, мы должны молиться обо всем, необходимом для этой жизни, – о питании, одежде, жилище, работе, благословениях на работе, о здоровье семьи и т. п. И Бог восполнит все наши нужды по обетованию Своему. Но помните, что если мы просим не для славы Божьей, а для удовлетворения своих похотливых желаний, Бог не ответит нам. Молитва об исполнении греховных желаний не имеет ничего общего с Богом.

Ищите, и найдете

Если вы ищете что-то, значит вы это потеряли. Бог хочет, чтобы мы обрели то, что когда-то потеряли. Он повелевает нам искать; но прежде чем начать поиски, мы должны понять, что именно мы потеряли и как именно мы сможем найти это.

Итак, что именно мы потеряли и как нам найти потерянное?

Бог создал первого человека и наделил его духом, душой и телом. Будучи живым духом, человек мог общаться с Богом, Который есть Дух, наслаждаться всеми благословениями Божьими и жить по Его слову.

Но сатана совратил человека, и он ослушался Бога. В Бытии, 2:16-17, мы читаем: *«И заповедал ГОСПОДЬ Бог человеку, говоря: от всякого дерева в саду ты будешь есть, а от дерева познания добра и зла, не ешь от него, ибо в день, в который ты вкусишь от него, смертью умрешь».*

Хотя основное предназначение человека исполнять заповеди Божьи и жить в страхе Божьем (Кн. Екклесиаста, 12:13), первый человек не исполнил его. Как Бог и предупреждал, в тот день, когда он вкусил от дерева познания добра и зла, дух его умер, и он стал человеком души, не способным больше общаться с Богом. Кроме того, и все потомки Адама рождались с мертвым духом, становясь людьми плоти. Бог изгнал Адама из Рая на проклятую из-за него землю. Он сам и все последующие поколения, обреченные на жизнь, полную страданий, болезней и печалей, должны были добывать хлеб в поте лица своего. Люди потеряли способность жить достойно, согласно предначертанию Божьему; они развратились, стремясь к бессмысленным вещам, повинуясь собственным плотским мыслям.

Чтобы человек из плоти и души снова мог жить жизнью, угодной Богу, он должен оживить свой умерший дух. Только после того как дух человека рождается заново, он становится человеком духовным, живет истинной жизнью и может общаться с Богом, Который есть Дух. Поэтому Бог повелевает нам искать свой утраченный дух.

Бог открыл для каждого человека путь к возрождению своего духа, и этот путь – Иисус Христос. Когда мы принимаем Иисуса Христа с верой, Бог, по обетованию Своему, посылает нам Духа Святого, Который обитает в нас и оживляет наш умерший дух. Когда мы ищем лица Божьего и принимаем Иисуса Христа, услышав Его стук в двери сердца нашего, Дух Святой нисходит на нас и возрождает к новой жизни наш дух (От Иоанна, 3:6). Обросив все дела плоти, живя в послушании Духу Святому, с молитвенным усердием внимая Слову Божьему, мы, с Божьей помощью, будем в силах жить по слову Его. Итак, наш мертвый дух возрождается, мы становимся людьми духа и обретаем утерянный образ Божий.

Если мы хотим съесть яичный желток, нам следует прежде разбить скорлупу и удалить белок. Таким же образом, прежде чем мы сможем стать духовными людьми, нам надо удалить от себя все дела плоти и позволить Духу Святому возродить в нас угасший дух. Это и входит в понятие «искать», о котором говорит Бог.

Представим себе, что во всем мире отключили электричество. Чтобы восстановить всю систему, потребуется не один специалист. Нужны и диспетчеры, и электрики, потребуется замена всех необходимых частей, чтобы восстановить электричество по всему миру.

Точно так же для восстановления мертвого духа человеку нужно слушать и изучать Слово Божье. Но для того чтобы стать человеком духа, недостаточно просто знать Слово. Оно должно стать хлебом насущным для человека, и он должен молиться так, чтобы жить по Слову Божьему.

Стучите, и отворят вам

Та дверь, в которую Бог велит нам постучать, – это дверь обетований, которая отворяется для всякого стучащего в нее.

Так что же это за дверь, в которую мы должны стучать? Это дверь сердца нашего Бога.

Еще до того как мы начинаем стучать в дверь сердца Бога, Он первым стучит в дверь нашего сердца (Откровение, 3:20). Мы открыли свои сердца и приняли Иисуса Христа. И теперь наша очередь стучать в дверь Его сердца. Сердце Божье шире небес и глубже океана; и когда мы с верой стучимся в Его огромное сердце, Он исполняет все наши просьбы.

Бог готов открыть врата Небесные и излить на нас Свои сокровища, если мы в молитве стучим в дверь Его сердца. Наш Бог откроет, и никто не сможет закрыть; закроет – и никто не сможет открыть. И если Он обещает открыть для нас Небесные врата и благословить нас, никто не сможет встать на пути этого потока благословений (Откровение, 3:7).

Когда мы стучим в двери сердца Божьего, Он исполняет наши просьбы. Но размер благословений зависит от того, насколько усердно мы стучим в Его сердце. Чтобы нам получить обильные благословения, врата Небесные должны быть широко открыты. А для этого мы должны в усердной молитве стучаться в двери сердца Божьего и радовать Его.

Бог радуется, когда мы отстраняемся от зла и живем по заповедям Его, в духе и истине. Если мы живем по Слову Божьему, то получим все, о чем ни попросим. «Стучать в дверь сердца Божьего» означает жить по заповедям

Божьим.

Когда мы усердно стучим в дверь Его сердца, Бог никогда не упрекнет нас, сказав: «Зачем вы так громко стучитесь?» Наоборот, чем сильнее мы стучим, тем больше угождаем Ему и тем охотнее Бог дает нам то, о чем мы просим. Итак, я надеюсь, что вы будете стучать в двери сердца Божьего делами своими и получите все, о чем просите, воздав великую славу Богу.

Приходилось ли вам когда-нибудь стрелять в птиц из рогатки? Я помню, как друг моего отца хвалил меня за мое умение делать рогатки. Рогатка делается из гладко обструганного дерева У-образной формы и натянутой резинки, в которую вкладывается камень, для того чтобы стрелять.

Я бы сравнил слово «просить» из Евангелия от Матфея, 7:7-11, с подстреливанием птиц с помощью рогатки и камня. И поэтому вы должны научиться попадать в птиц. Какая польза от рогатки, если вы не умеете стрелять из нее? Вам следует сделать себе мишень для тренировок и, внимательно изучив все особенности стрельбы из рогатки, найти лучший способ попадания в птиц. Этот процесс обучения стрельбе равносилен повелению «искать». Читая Слово Божье и питаясь им, как хлебом, вы готовите себя, как дитя Божье, к тому моменту, когда вы обретете качества, необходимые для того, чтобы получить ответ от Бога.

Когда вы научились пользоваться рогаткой и точно попадать в цель, тогда вы наконец сможете стрелять по цели, что соответствует повелению «стучать в двери». Даже имея при себе наилучшую рогатку и умея ею пользоваться, вы останетесь без добычи, если не используете ее по назначению. Иными словами, мы сможем получить ответ от Бога, только если живем по Слову Его и питаемся Словом Божьим, как хлебом.

Просить, искать и стучать – все это взаимосвязанные части одного и того же процесса. Теперь вы знаете, о чем просить, что искать и в какую дверь стучать. Воздадим же всю славу Богу, как Его благословенные дети, чтобы ваши усердные прошения и поиски привели к исполнению желаний вашего сердца. Я молюсь об этом во имя Иисуса Христа!

Глава 2

Верьте,
что вы уже получили просимое

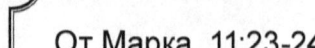

От Марка, 11:23-24

«Имейте веру Божию, ибо истинно говорю вам, если кто скажет горе сей: „поднимись и ввергнись в море", и не усомнится в сердце своем, но поверит, что сбудется по словам его, —будет ему, что ни скажет. Потому говорю вам: всё, чего ни будете просить в молитве, верьте, что получите, — и будет вам».

Великая сила веры

Однажды, ученики, сопровождавшие Иисуса, услышали, как их Учитель сказал бесплодной смоковнице: *«Да не будет же впредь от тебя плода вовек»* (От Матфея, 21:19). Увидев, что смоковница засохла, ученики удивились и спросили об этом Иисуса. Он же сказал им в ответ: *«Истинно говорю вам, если будете иметь веру и не усомнитесь, не только сделаете то, что [сделано] со смоковницею, но если и горе сей скажете: „поднимись и ввергнись в море", – будет»* (От Матфея, 21:21).

Иисус также пообещал им: *«Истинно, истинно говорю вам: верующий в Меня, дела, которые творю Я, и он сотворит; и больше сих сотворит, потому что Я к Отцу Моему иду. И если чего попросите у Отца во имя Мое, то сделаю, да прославится Отец в Сыне. Если чего попросите во имя Мое, Я то сделаю»* (От Иоанна, 14:12-14). И еще: *«Если пребудете во Мне и слова Мои в вас пребудут, то, чего ни пожелаете, просите, и будет вам. Тем прославится Отец Мой, если вы принесете много плода и будете Моими учениками»* (От Иоанна, 15:7-8).

Так как Бог Создатель является Отцом всех, принявших Иисуса Христа, они могут рассчитывать на исполнение желаний своего сердца, если с верой и послушанием внимают Слову Божьему. В Евангелии от Матфея, 17:20, Иисус говорит нам: *«По неверию вашему; ибо истинно говорю вам: если вы будете иметь веру с горчичное зерно и скажете горе сей: „перейди отсюда туда", и она перейдет; и ничего не будет невозможного для вас».* Почему же многие не получают ответы от Бога, несмотря на долгие часы, проведенные в молитве? Давайте поэтому рассмотрим вопрос: как нам воздавать славу Богу, чтобы всегда получать просимое?

Верьте во Всемогущего Бога

С момента своего рождения человеку для поддержания жизни необходимы пища, одежда, кров и т.д. Однако самым важным фактором, поддерживающим жизнь, является дыхание: существование полноценной жизни возможно только при наличии дыхания. Дети Божьи, принявшие Иисуса Христа и получившие рождение Свыше, нуждаются во многом; но самое важное в их жизни – это молитва.

Молитва – это одновременно и канал нашего общения с Богом, Который есть Дух, и дыхание нашего духа. В молитве мы можем просить Бога о своих нуждах и получать от Него ответы. И вера, живущая в нашем сердце, является самым важным компонентом молитвы. От уровня веры человека зависит и его уверенность в том, что Бог услышал его просьбу и ответит ему по вере его.

Но Кто есть Тот Бог, в Которого мы должны верить?

В Книге Откровения, 1:8, говорится: *«Я есмь Альфа и Омега, начало и конец, говорит Господь, Который есть и был и грядет, Вседержитель».* В Ветхом Завете мы читаем о Боге – Создателе неба и земли (Бытие, 1:1-31), о Боге, разделившем воды Красного моря и позволившем Израильтянам выйти из Египта (Исход, 14:21-29). Когда Израильтяне послушались Бога и в течение семи дней ходили вокруг Иерихона, несокрушимые стены города рухнули (Кн. Иисуса Навина, 6:1-21). Когда Иисус Навин воззвал к Богу во время битвы с Амморреем, солнце и луна остановились и стояли до конца битвы (Кн. Иисуса Навина, 10:12-14).

В Новом Завете Иисус, Сын Божий, воскресил мертвого из могилы (От Иоанна, 11:17-44), Он исцелял любую болезнь и немощь (От Матфея, 4:23-24), открывал глаза слепым (От Иоанна, 9:6-11) и исцелял хромых (Деяния, 3:1-10). Словом Своим Иисус изгонял бесов и злых духов (От Марка, 5:1-20), а с помощью пяти хлебов и двух рыбок накормил более пяти тысяч человек (От Марка, 6:34-44). Более того, утихомирив волны и ветер, Иисус тем самым показал, что является Господином всего во Вселенной (От Марка, 4:35-39).

Итак, мы должны верить во Всемогущего Бога, дающего нам благие дары по Своей великой любви. В Евангелии от Матфея, 7:9-11, Иисус говорит: *«Есть ли между вами такой человек, который, когда сын его попросит у него хлеба, подал бы ему камень? и когда попросит рыбы, подал бы ему змею? Итак если вы, будучи злы, умеете даяния благие давать детям вашим, тем более Отец ваш Небесный даст блага просящим у Него».* Бог Любви хочет ниспослать самые лучшие дары Своим детям.

Возлюбив нас всем сердцем Своим, Бог даровал нам Своего Единородного Сына. Разве не приложит Бог к этому и все остальное? В Книге пророка Исаии, 53:5-6, мы читаем: *«Но Он изъязвлен был за грехи наши и мучим за беззакония наши; наказание мира нашего [было] на Нем, и ранами Его мы исцелились. Все мы блуждали, как овцы, совратились каждый на свою дорогу: и ГОСПОДЬ возложил на Него грехи всех нас».* Благодаря Иисусу Христу, мы можем обрести жизнь, исцеление и наслаждаться миром.

Если дети Божьи служат Всемогущему и Живому Богу как своему Отцу и верят, что все, что Бог ни делает, содействует ко благу для любящих Его и что Он отвечает на молитвы взывающих к Нему, то не останется причин для беспокойства и переживаний даже во времена искушений и испытаний.

Это и значит «верить в Бога», и Он радуется, когда

видит такое проявление нашей веры. Бог отвечает нам по нашей вере, и, являя свидетельства Своего присутствия, Он дает нам возможность прославить Его.

Просите с верой и не сомневайтесь

Бог, Создатель неба и земли и Творец человека, позволил людям записать Его волю и провидение в Библии, чтобы они стали известны всем. Во все времена Бог показывает Себя тем, кто верит в Него и повинуется Слову Его, доказывая нам Свое живое присутствие и всемогущество через различные чудеса и знамения.

Мы можем поверить в существование Живого Бога, просто смотря на творение Его (Посл. к Римлянам, 1:20), и прославить Бога, верою получая от Него ответы на свои молитвы.

Нужно уметь отличать «плотскую веру», то есть когда мы верим в слово Божье, если оно только совместимо с нашими собственными знаниями, от «духовной веры», благодаря которой мы можем получить ответы от Бога. Если Слово Божье говорит нам о чем-то, по человеческим стандартам, невероятном, то, когда мы взываем к Богу с верой в Него, Он дает нам и веру, и чувство уверенности. Что позволяет нам получить ответ. Это и есть духовная вера.

В Послании Иакова, 1:6-8, говорится: «*Но да просит с верою, нимало не сомневаясь, потому что сомневающийся подобен морской волне, ветром поднимаемой и развеваемой. Да не думает такой человек получить что-нибудь от Господа. Человек с двоящимися мыслями не тверд во всех путях своих*».

Сомнения порождаются человеческими знаниями, мыслями, спорами и претензиями и привносятся в нас врагом дьяволом. Сомневающееся сердце – от двоедушия и хитрости, и Бог питает к этому отвращение. Разве это не трагично, если ваш ребенок сомневается в том, что вы его биологические родители? Как же Бог сможет ответить на просьбы Своих детей, если они не способны поверить Ему как своему Отцу, несмотря на то, что Бог взрастил и воспитал их?

Апостол напоминает нам, что «*плотские помышления суть вражда против Бога; ибо закону Божию не покоряются, да и не могут. Посему живущие по плоти Богу угодить не могут*» (Посл. к Римлянам, 8:7-8). И настаивает на том, что мы должны ниспровергать «*всякое превозношение, восстающее против познания Божия*», и пленять «*всякое помышление в послушание Христу*» (2-е посл. к Коринфянам, 10:5).

Бог воистину радуется, когда наша вера преображается в

веру духовную, и мы отбрасываем все сомнения. Тогда Бог отвечает на все наши просьбы. Моисей и Иисус Навин не сомневались в Боге, и потому они перешли Красное море и Иордан и уничтожили Иерихон. Таким же образом, если вы скажете горе: «Поднимись и ввергнись в море», нимало не сомневаясь в вашем сердце, то сбудется по слову вашему.

Но предположим, что вы повелели горе Эверест ввергнуться в Индийский океан. Получите вы ответ на свою молитву? Очевидно, что если Эверест окажется в Индийском океане, то это приведет к глобальному хаосу. Так как это не может быть Божьей волей, то такая молитва останется без ответа, сколько бы вы ни молились, потому что Бог не даст вам духовную веру, с которой вы могли бы поверить в Него.

Если вы просите о том, что входит в противоречие с волей Божьей, к вам не придет вера, с которой вы бы поверили сердцем. Поначалу вы продолжаете верить, что Бог ответит на молитву, но со временем сомнения поселяются в вашем сердце. Мы сможем получить ответ от Бога, только если просим по воле Его, нимало не сомневаясь, что Он ответит нам. Поэтому если ваша молитва осталась без ответа, то вы либо просите о том, что противоречит воле Божьей, либо сомневаетесь в своем сердце в истинности Божьего слова.

В 1-м послании Иоанна, 3:21-22, сказано: *«Возлюбленные! Если сердце наше не осуждает нас, то мы имеем дерзновение к Богу, и, чего ни попросим, получим от Него, потому что соблюдаем заповеди Его и делаем благоугодное пред Ним».*

Люди, которые соблюдают заповеди Божьи на радость Ему, не станут просить о том, что противоречит Божьей воле. Бог ответит на все наши просьбы, если только мы просим по воле Его: *«Всё, чего ни будете просить в молитве, верьте, что получите, – и будет вам»* (От Марка, 11:24).

Итак, чтобы получить ответ на молитвы, мы должны получить от Бога духовную веру, чтобы нам жить и действовать по воле Его. Отвергнув все доводы и теории, восстающие против познания Божьего, мы избавляемся от сомнений, обретаем духовную веру и получаем от Бога все, что ни попросим.

Всё, чего ни будете просить в молитве, верьте, что получите, – и будет вам

В Книге Чисел, 23:19, сказано: *«Бог не человек, чтоб Ему лгать, и не сын человеческий, чтоб Ему изменяться. Он ли скажет и не сделает? будет говорить и не исполнит?»*.

Если вы истинно верите в Бога, просите у Него с верой, нимало не сомневаясь, и верьте, что уже получили все то, о чем просили и молились. Всемогущий и верный Бог обещает ответить на наши молитвы.

Почему же многие люди говорят, что они не получают ответы на молитвы, несмотря на их веру? Разве это оттого, что Бог не ответил им? Нет. Бог всегда отвечает на молитвы, но иногда это занимает время, так как есть люди, которые еще не готовы быть достойными сосудами, чтобы вместить Его ответ.

Когда фермер засевает поле, он, конечно, надеется на урожай, но он не ожидает мгновенного урожая. Посеянные семена прорастают, наливаются соком, цветут и приносят плод. В зависимости от плода, срок его созревания бывает разным. Так же и мы, прежде чем получить ответ от Бога, должны пройти процесс роста и созревания.

Представим себе, что один студент молится, чтобы ему попасть в Гарвардский университет. Бог ответит на молитву веры, но ответ может занять некоторое время. Бог прежде должен приготовить этого студента, чтобы он стал достойным сосудом для Божьего благословения. Бог даст ему усердие и волю, чтобы он мог успешно заниматься в школе. Если он продолжает молиться, Бог устранит все мирские помыслы, дарует ему мудрость и покажет, как заниматься более эффективно. Сообразно с поведением студента, Бог усмотрит и все внешние обстоятельства жизни этого студента и снабдит его необходимыми знаниями для поступления в университет, а когда придет время, предусмотрит его поступление в Гарвардский университет.

То же самое относится и к людям, страдающим от болезней. Узнав через Слово Божье, от чего приходят болезни и о том, как от них излечиться, они могут получить исцеление, взывая к Богу с верою. Но прежде они должны обнаружить стену греха, заслоняющую их от Бога, и дойти до источника болезни. Если болезнь – это результат ненависти, они должны избавиться от этого греха и преобразовать свое сердце любовью. Если болезнь появилась в результате чревоугодия, они должны просить у Бога силы сдерживать себя и избавиться от этого вредного порока. Проходя через этот процесс, вы получите от Бога веру, нужную для молитвы, и Он сделает из вас сосуд, готовый принять Божий ответ.

Молитва о процветании бизнеса не отличается от приведенных выше примеров. Когда вы молитесь о своем бизнесе, Бог испытает вас, чтобы сделать из вас сосуд, достойный Его благословений. Он дарует вам мудрость и силу, чтобы вы могли успешно вести и расширять свое дело, устраивая все обстоятельства для благоприятного развития вашего бизнеса. Бог приведет вас к людям, которым можно доверять, увеличит постепенно ваш доход и усовершенствует ваше дело. И когда наступит благоприятное время, Бог ответит на ваши молитвы, исполнив все ваши просьбы.

Через процесс сеяния и взращивания, Бог приведет вашу душу к процветанию, испытывая, насколько ваш сосуд готов принять благословения. Поэтому вы никогда не должны терять терпение, ожидая ответа по собственному разумению, но должны согласовывать ожидание с Божьим временем, продолжая верить, что уже получили просимое.

По законам духовного мира, Бог всегда отвечает на молитвы Своих детей по справедливости и радуется, когда мы прибегаем к Нему с верой. В Послании к Евреям, 11:6, апостол напоминает нам: *«А без веры угодить Богу невозможно; ибо надобно, чтобы приходящий к Богу, веровал, что Он есть, и ищущим Его воздает».*

Я молюсь во имя нашего Господа, чтобы вы всегда угождали Богу своей искренней верой, не сомневаясь в том, что уже получили просимое, и, получив все, о чем вы просили, воздали Ему всю славу и честь!

Глава 3

Молитва, угодная Богу

От Луки, 22:39-44

«И, выйдя, пошел [Иисус] по обыкновению на гору Елеонскую, за ним последовали и ученики Его. Придя же на место, сказал им: молитесь, чтобы не впасть в искушение. И Сам отошел от них на вержение камня, и, преклонив колени, молился, говоря: Отче! о, если бы Ты благоволил пронести чашу сию мимо Меня! впрочем, не Моя воля, но Твоя да будет. Явился же ему Ангел с небес и укреплял Его. И, находясь в борении, прилежнее молился, и был пот Его, как капли крови, падающие на землю».

Иисус показал пример правильной молитвы

В Евангелии от Луки, 22:39-44, мы видим сцену молитвы Иисуса в Гефсиманском саду в ночь перед тем, как Ему предстояло взойти на крест и открыть путь спасения для всего человечества. Эта сцена говорит нам о том отношении и сердце, которые необходимы для молитвы.

Как же молился Иисус, что смог не только понести тяжкий крест, но и победить дьявола? С каким сердцем подходил Иисус к молитве, чтобы угодить Богу и чтобы Отец послал Ангела с небес, укрепляющего Его?

Давайте рассмотрим на примере этих стихов, как именно следует молиться, чтобы угодить Богу, исследуя при этом нашу собственную молитвенную жизнь.

1) Иисус молился постоянно

Бог велит нам непрестанно молиться (1-е посл. к Фессалоникийцам, 5:17) и обещает исполнить наши молитвенные просьбы (От Матфея, 7:7). Но большинство людей, тем не менее, прибегают к молитве, только когда у них есть нужда или они хотят что-то получить от Бога.

Об Иисусе же сказано, что Он, по Своему обыкновению, поднялся на гору Елеонскую (От Луки, 22:39). Пророк Даниил преклонял колени в молитве три раза в день, взывая к Богу и благодаря Его, как и всегда (Кн. пророка Даниила, 6:10). Двое из учеников Иисуса, Петр и Иоанн, выделяли особое время для молитвы (Деяния, 3:1).

Мы должны следовать примеру Иисуса, уделяя определенное время для молитвы, и постоянно молиться, каждый день. Бог особенно любит молитву на рассвете, когда Ему вверяется все, что предназначено людям в этот день, все их дела; и молитву вечернюю, когда в конце дня они благодарят Бога за Его защиту. И через эти молитвы вы можете получить Его великую силу.

2) Иисус молился, преклонив колени

Когда мы преклоняем колени, наше сердце честно в молитве, и мы показываем тем самым глубокое уважение к Тому, к Кому обращаемся. Это вполне естественно обращаться к Богу, стоя на коленях.

Иисус, Сын Божий, молился в смирении, преклонив колени перед Всемогущим Богом. И царь Соломон (3-я кн. Царств, 8:54), и апостол Павел (Деяния, 20:36), и дьякон Стефан, мученик за веру (Деяния, 7:60), – все они молились, преклонив колени.

Обычно, когда мы просим о чем-либо у родителей или у вышестоящего начальства, мы переживаем, как бы не совершить какую-нибудь оплошность. Так, как же мы можем обращаться к Богу Творцу, имея неопрятный внешний вид и грязные мысли? Преклоняя колени, мы показываем этим, что сердце наше чтит Бога и верит в Его силу. Мы должны привести себя в опрятный вид и смиренно преклонить колени, обращаясь в молитве к Богу.

3) Иисус молился по воле Божьей

Иисус обращался к Богу, говоря: «...*не Моя воля, но Твоя да будет*» (От Луки, 22:42). Сын Божий, без греха и порока, спустился на землю, чтобы умереть на кресте. Поэтому он молился: «*Отче! о, если бы Ты благоволил пронести чашу сию мимо Меня!*» (От Луки, 22:42). Но Он знал, что воля Божья в том, чтобы спасти человечество через одного человека, и всегда молился о том, чтобы исполнилась воля Божья.

В 1-м послании к Коринфянам, 10:31, мы читаем: «*Итак, едите ли, пьете ли или иное что делаете, все делайте в славу Божию*». Бог не услышит нас, если наша цель – удовлетворение собственных желаний, а не слава Божья и исполнение Его воли. В Послании Иакова, 4:2-3, Бог говорит нам: «*Желаете – и не имеете; убиваете и завидуете – и не можете достигнуть; препираетесь и враждуете – и не имеете, потому что не просите. Просите, и не получаете, потому что просите не на добро, а чтобы употребить для ваших вожделений*». Итак, мы должны посмотреть на себя со стороны – не молимся ли мы только о собственных нуждах.

4) Иисус, молясь, находился в борении

В Евангелии от Луки, 22:44, мы читаем, насколько искренней была молитва Иисуса: *«И, находясь в борении, прилежнее молился, и был пот Его, как капли крови, падающие на землю».*

Когда Иисус молился в Гефсиманском саду, было уже прохладно, и нельзя было вспотеть от жары. Мы можем себе представить, насколько неистово и искренне Иисус взывал к Богу, если капли Его пота стали каплями крови, падающими на землю. Такое не могло бы произойти, если бы Иисус молился молча, про Себя. Но Иисус громко взывал к Богу, страстно и искренне, так что капли пота превратились в капли крови, падающие на землю.

В Книге Бытия, 3:17, Бог говорит Адаму: *«За то, что ты послушал голоса жены твоей и ел от дерева, о котором Я заповедал тебе, сказав: „не ешь от него", проклята земля за тебя; со скорбью будешь питаться от нее во все дни жизни твоей».* До того как Бог проклял человека, Адам жил в изобилии, получая все от Бога. Но когда грех вошел в него через его непослушание Богу, прервалась связь человека с его Творцом, и он вынужден был добывать себе пропитание в поте лица своего.

Если то, что мы можем сделать своими усилиями, дается нам тяжким трудом, то, как быть, когда мы просим Бога о чем-то, что нам не под силу? Пожалуйста, помните, что мы можем получить от Бога то, что желаем, только взывая к Богу и усердно трудясь в поте лица. Кроме того, не забывайте, что Бог велел нам в поте лица своего добывать себе хлеб и что Сам Иисус, находясь в борении, усердно молился. Помните об этом, делайте то же, что делал Иисус, и молитесь так, как это угодно Богу.

Мы рассмотрели пример правильной молитвы Иисуса. Если Иисус, обладающий всей властью, молился с таким усердием, то насколько больше усилий должны прилагать мы, творения Божьи? То, как мы молимся, показывает состояние нашего сердца. Поэтому состояние нашего сердца так же важно, как и то отношение, с которым мы подходим к молитве.

Основы молитвы, к которой благоволит Бог

С каким сердцем мы должны обращаться к Богу, чтобы угодить Ему и получить ответ на наши молитвы?

1) Молитесь от всего сердца

На примере того, как молился Иисус, мы узнали, что от отношения к молитве зависит то, как молится человек Богу и вкладывает ли он в это все сердце свое. Это отношение дает возможность сказать, с каким сердцем человек молится.

Посмотрите на молитву Иакова в Книге Бытия, глава 32-я. Достигнув потока Иавок, Иаков попал в затруднительное положение. Он не мог вернуться обратно, потому что заключил договор с дядей своим Лаваном, что не перейдет холм Галаад. Но за потоком Иавок его ожидал Исав с войском в 400 человек, чтобы схватить его. Это было тяжелое для Иакова время, когда его гордость и самолюбие, на которые он опирался, полностью рухнули. Он наконец-то осознал, что сможет избежать неприятностей, только если во всем станет полагаться на Бога. Борясь с Ангелом и моля его благословить, Иаков повредил себе бедро, но в конце концов получил ответ от Бога. Бог был тронут упорством Иакова и позволил ему примириться со своим братом Исавом.

Рассмотрим повнимательней 18-ю главу 3-й книги Царств, в которой пророк Илия получил в ответ на молитву огонь с небес и прославил Бога. Во времена царя Ахава, когда процветало идолопоклонство, Илия противостал 450-ти пророкам Ваала, одолел их силой Божьей и явил всему Израилю свидетельство о Живом Боге.

Это было во время засухи в Израиле, которая длилась три с половиной года, и царь Ахав, обвиняя в этом пророка Илию, искал его, чтобы убить. Но когда Бог повелел Илии предстать перед Ахавом, он немедленно исполнил это. Пророк с верой пришел к царю, который искал его, чтобы убить, и дерзновенно провозгласил слово Божье, изменив ход событий с помощью молитвы веры без капли сомнений и став свидетелем того, как народ Израильский, поклонявшийся идолам, принес плоды покаяния и возвратился к Богу. Кроме того, Илия молил Бога настолько страстно о том, чтобы сила Божья сошла на землю и положила конец засухе, которая иссушала землю в течение трех с половиной лет, что припал к земле, а лицо его упало между колен его (3-я кн. Царств, 18:42).

Бог напоминает нам в Книге пророка Иезекииля (36:36-37): «... Я, ГОСПОДЬ, сказал – и сделал. Так говорит ГОСПОДЬ Бог: вот, ещё и в том явлю милость Мою дому Израилеву...». Иными словами, несмотря на то, что Бог обещал Илии послать дождь на землю, дождь не мог пролиться до тех пор, пока Илия не вымолил его. Молитва от сердца угодна Господу, и Бог всегда ответит на такую молитву, чтобы мы могли еще больше прославить Его.

2) Взывайте к Богу в молитве

Бог обещает, что если мы воззовем к Нему в сердечной молитве, Он услышит нас и выйдет к нам навстречу (Кн. пророка Иеремии, 29:12-13; Притчи, 8:17). В Книге пророка Иеремии, 33:3, Бог обещает нам: *«Воззови ко Мне – и Я отвечу тебе, покажу тебе великое и недоступное, чего ты не знаешь»*. Бог хочет, чтобы мы громко взывали к Нему в молитве, потому что только тогда мы сможем молиться от всего сердца. Другими словами, громогласно взывая к Богу, мы освобождаемся от своих мирских мыслей, усталости и сонливости, и все наши собственные мысли оставляют нас.

При этом многие церкви сегодня учат, что тихое поведение в церкви и есть признак святости и благообразия. Если кто-нибудь начинает громко взывать к Богу, окружающие уличают его в невоспитанности и даже в ереси. Все это происходит из-за незнания Божьего Слова и Божьей воли.

Ранние церкви могли радовать Бога, они были свидетелями великого пробуждения и проявления силы Божьей; они пребывали в полноте Святого Духа, единодушно возвышая свои голоса к Богу (Деяния, 4:24). Но и сегодня мы видим, как Бог совершает многие чудеса и знамения в церквях, переживающих возрождение, где присутствует сила Божья и где люди взывают к Богу громким голосом, следуя воле Божьей.

«Взывать к Богу» означает громкое и ревностное обращение к Богу в молитве. Такая молитва исполняет всех братьев и сестер во Христе силой Духа Святого, изгоняет враждебные силы дьявола и дает им возможность получить дары небесные и ответы на свои молитвы.

В Библии множество примеров тому, как Иисус или патриархи веры громко взывали к Богу и получали ответы на свои просьбы.

Давайте рассмотрим несколько примеров из Ветхого Завета.

В Книге Исхода, 15:22-25, описывается ситуация, когда Израильтяне, вышедшие из Египта, только что перешли Красное море, расступившееся по молитве Моисея. Однако вера Израильтян была так мала, что они возроптали против Моисея, как только у них кончились запасы воды и пищи в пустыне Сур. Но когда Моисей воззвал к Богу, горькая вода Мерры стала сладкой.

В Книге Чисел, в 12-й главе, мы читаем о том, как сестра Моисея Мариам заболела проказой, после того как позволила себе упрекнуть Моисея. Но когда Моисей возопил к Господу: *Боже, исцели её!* – Бог очистил ее от проказы.

В 1-й книге Царств, 7:9, мы читаем: *И взял Самуил одного ягненка от сосцов, и принес его во всесожжение ГОСПОДУ, и воззвал Самуил к ГОСПОДУ о Израиле, и услышал его ГОСПОДЬ*.

В 3-й книге Царств, в 17-й главе, говорится о вдове из Сарепты, оказавшей гостеприимство слуге Божьему – Илии. Когда сын вдовы заболел и умер, Илия воззвал к Богу: «... *ГОСПОДИ Боже мой! да возвратится душа отрока сего в него!».* Бог услышал голос Илии и воскресил мальчика (3-я кн. Царств, 17:21-22). Мы видим, что Бог ответил на молитву пророка, когда услышал его зов.

Иона был проглочен большой рыбой и провел в ее чреве 3 дня из-за своего непослушания. Но и он получил избавление, когда громко воззвал к Богу в молитве. В Книге пророка Ионы, 2:3, мы видим, как молился Иона: *«К ГОСПОДУ воззвал я в скорби моей, и Он услышал меня; из чрева преисподней я возопил, и Ты услышал голос мой».* Бог услышал вопль Ионы и спас его. В каких бы стесненных обстоятельствах мы ни находились, даже если наше положение такое же отчаянное, как у Ионы, Бог всегда исполнит желание нашего сердца и разрешит все наши проблемы, если только мы покаемся в грехах своих и воззовем к Нему.

И в Новом Завете много примеров того, как люди взывали в молитве к Богу.

В Евангелии от Иоанна, 11:43-44, Иисус воззвал громким голосом: *«Лазарь, иди вон!»* – и вышел умерший, обвитый погребальными пеленами по рукам и ногам, и лицо его было обвязано платком. Для Лазаря не имело значения, как позвал его Иисус – громким голосом или тихим шепотом. Но Иисус громко воззвал к Богу и вернул к жизни Лазаря, который провел в гробнице 4 дня. Молясь по воле Божьей,

Иисус совершил чудо и показал славу Божью.

В Евангелии от Марка, 10:46-52, мы читаем о слепом нищем по имени Вартимей, просящем милостыню:

«Приходят в Иерихон. И когда выходил Он (Иисус) из Иерихона с учениками Своими и множеством народа, Вартимей, сын Тимеев, слепой сидел у дороги, прося [милостыни]. Услышав, что это Иисус Назорей, он начал кричать и говорить: Иисус, Сын Давидов! помилуй меня. Многие заставляли его молчать; но он ещё более стал кричать: Сын Давидов! помилуй меня. Иисус остановился и велел его позвать. Зовут слепого и говорят ему: не бойся, вставай, зовет тебя. Он сбросил с себя верхнюю одежду, встал и пришел к Иисусу. Отвечая ему, Иисус спросил: чего ты хочешь от Меня? Слепой сказал Ему: Учитель! Чтобы мне прозреть. Иисус сказал ему: иди, вера твоя спасла тебя. И он тотчас прозрел и пошел за Иисусом по дороге».

В Деяниях святых Апостолов, 7:59-60, мы читаем о дьяконе Стефане. Когда его забивали камнями за веру, он громко кричал к Господу: *«Господи Иисусе, приими дух мой!».* И, упав на колени, воскликнул громким голосом: *«Господи! не вмени им греха сего!».*

А в Деяниях, 4:23-24, 31, мы читаем: *«Быв отпущены,*

они пришли к своим и пересказали, что говорили им первосвященники и старейшины. Они же, выслушав, единодушно возвысили голос к Богу и сказали: Владыко Боже, сотворивший небо и землю и море и всё, что в них!.. И, по молитве их, поколебалось место, где они были собраны; и исполнились все Духа Святого, и говорили слово Божие с дерзновением».

Взывая к Богу, вы можете стать настоящими свидетелями Иисуса Христа и явить силу Святого Духа.

И когда мы постимся, Бог повелел нам взывать к Нему. Если, постясь, мы большую часть времени спим из-за слабости, то мы не получим ответа от Бога. В Книге пророка Исаии, 58:9, Бог обещает: *«Тогда ты воззовешь, и ГОСПОДЬ услышит; возопиешь, и Он скажет: „вот Я!"...».* Благодать и сила Божьи снизойдут на нас, если мы взываем к Господу во время поста; обращаясь к Богу, мы сможем одержать победу и получить от Него все, о чем просим.

Рассказав притчу о настойчивой вдове, Иисус задал риторический вопрос: *«Бог ли не защитит избранных Своих, вопиющих к Нему день и ночь, хотя и медлит защищать их?»* – и призвал учеников взывать к Богу в молитве (От Луки, 18:7).

В Евангелии от Матфея, 5:18, Иисус говорит: *«Ибо*

истинно говорю вам: доколе не прейдет небо и земля, ни одна иота или ни одна черта не прейдет из закона, пока не исполнится все».

Когда дети Божьи молятся, для них естественно возвышать свой голос в молитве. В этом состоит Божья заповедь. Закон Божий велит нам питаться от трудов своих, и мы можем получить ответ от Бога, когда мы взываем к Нему.

На это часто возражают, ссылаясь на Евангелие от Матфея (6:6-8), и спрашивают: «Для чего нам взывать к Богу? Разве Бог не знает о наших нуждах еще до того, как мы попросим? Разве не заповедал Иисус творить молитву втайне, в закрытой комнате?». Но в Библии мы нигде не находим примеров людей, которые тайно молятся, удобно устроившись в своей комнате.

Истинный смысл этих стихов из Евангелия от Матфея (6:6-8) в том, чтобы побудить нас молиться от всего сердца. Войди внутрь себя и затвори за собой дверь. Оставаясь в запертой комнате, мы обрываем все контакты с внешним миром. И в этих стихах Иисус призывает нас отрешиться от всех плотских мыслей, мирских забот и житейских переживаний, чтобы с чистым сердцем воззвать к Богу в молитве.

Более того, Иисус упомянул о закрытой комнате, чтобы дать людям понять, что Бог не слышит молитв фарисеев и священников, которые во времена Иисуса взывали к Богу громким голосом, чтобы получить похвалу от видящих их. Нам не стоит гордиться продолжительностью нашей молитвы. Но с искренним сердцем, находясь в борении, мы должны взывать к Тому, Кто знает все наши помышления, наши нужды и желания и Кто есть «всё во всем».

Трудно молиться от всего сердца в молчаливой молитве. Если вы попытаетесь мысленно молиться в ночное время с закрытыми глазами, то скоро усталость и мирские мысли отвлекут вас от молитвы. Устав отгонять сон, вы и не заметите, как заснете.

Иисус не молился в тишине комнаты, но «взошел Он на гору помолиться и пробыл всю ночь в молитве к Богу» (От Луки, 6:12), и также «утром, встав весьма рано, вышел и удалился в пустынное место, и там молился» (От Марка, 1:35).

Находясь в горнице своей, пророк Даниил преклонял колени перед окнами, открытыми к Иерусалиму, и три раза в день молился и благодарил Бога (Кн. пророка Даниила, 6:10). Мы читаем о Петре, который удалялся для молитвы на кровлю дома (Деяния, 10:9), и об апостоле Павле, который, пребывая в Филиппах, удалялся за город, на берег реки, на обычное место молитв (Деяния, 16:13, 16). Все эти люди избирали особое место для молитвы от всего сердца.

Вы должны молиться так, чтобы молитва ваша поражала силы врага дьявола, которому принадлежит власть над этим миром, и доходила до Престола Небесного. Только тогда Бог наполнит вас Духом Святым, избавит вас от искушений и восполнит все ваши малые и большие нужды.

3) Ваша молитва должна иметь цель

Одни сажают деревья, чтобы получить древесину. Другие рассчитывают получить от дерева плоды. А иные сажают растения, чтобы украсить ими свой сад. Если у человека, сажающего дерево, нет осознанной цели, он вскоре перестанет заботиться о саженце, направив свое внимание на другие дела.

Ясная цель – залог успеха в любом предприятии; ясная цель приносит более быстрые и лучшие результаты. При отсутствии цели, все наши усилия не выдержат даже незначительного препятствия, ибо, не имея четкого направления, мы обречены на сомнения и колебания.

Обращаясь в молитве к Богу, мы должны ставить перед собой ясную цель. Бог обещает дать нам все, о чем бы мы ни попросили, если мы будем обращаться к Нему с верой (1-е посл. Иоанна, 3:21-22). Когда мы ясно осознаем цель молитвы, мы можем взывать к Богу с большим рвением и упорством. И Бог, увидев, что сердце наше непорочно, исполнит все, о чем мы просим. Мы всегда должны ясно понимать, в чем заключается цель нашей молитвы, чтобы молитва наша была угодной Господу.

4) Вы должны молиться с верой

У каждого человека своя мера веры, и Бог отвечает нам в зависимости от уровня нашей веры. Когда люди впервые принимают Иисуса Христа, открывая для Него свои сердца, Дух Святой пребывает в них, и Бог признает их Своими детьми, даже если их вера в это время размером с горчичное зерно.

Пребывая в молитве и живя по Слову Божьему, соблюдая День Господень и исполняя заповеди Божьи, человек взращивает свою веру. Но если, до того как он встал на камень веры, на его пути встретятся искушения и страдания, он может возроптать и разочароваться в Боге. Лишь утвердившись на камне веры, человек сможет противостоять любым искушениям, всегда с верой и молитвой взирая на Господа. Бог видит такую веру и никогда не оставляет любящих Его.

Постоянно наполняя чашу молитв силой, данной Свыше, человек сможет успешно бороться с грехом, все больше уподобляясь Господу. Он будет ясно видеть Божью волю и исполнять ее. Такая вера угодна Богу, и такой человек получит все, о чем ни попросит. Возрастая в полноте веры, мы получим обетование, записанное в Евангелии от Марка (16:17-18): «Уверовавших же будут сопровождать сии знамения: именем Моим будут изгонять бесов; будут говорить новыми языками; будут брать змей; и если что смертоносное выпьют, не повредит им; возложат руки на больных, и они будут здоровы». И человек с сильной верой, и человек с малой верой – каждый получит ответ от Бога по мере своей веры.

Вера бывает эгоистичной, которую вы обрели по собственному усмотрению, а бывает – данной Богом. Эгоистичная вера не сопровождается делами, но вера, данная Богом, духовная вера, всегда выражается в делах. В Библии сказано, что вера есть осуществление ожидаемого (Посл. к Евреям, 11:1). Однако эгоистичная вера не приводит к уверенности. Даже имея веру, достаточную, чтобы разделить Красное море и перемещать горы, нельзя рассчитывать на ответ Бога.

Бог дает нам «живую веру», которая выражается в делах каждый раз, когда мы молимся и исполняем волю Его. Когда мы демонстрируем Богу всю веру, которой мы уже обладаем, эта вера соединяется с «живой верой», которую Бог вкладывает в нас; таким образом наша вера усиливается, благодаря чему мы можем получить ответы на свои молитвы без промедления. Временами люди испытывают абсолютную уверенность, что Бог ответит им. Это знак того, что такая вера от Бога и что такие люди уже получили ответ на свои просьбы.

Итак, нимало не сомневаясь, станем полагаться на обетование, данное нам Иисусом в Евангелии от Марка (11:24): *«Потому говорю вам: всё, чего ни будете просить в молитве, верьте, что получите, — и будет вам».* Молитесь до тех пор, пока не обретете уверенность в ответе от Бога и не получите все, о чем просите (От Матфея, 21:22).

5) Вы должны молиться в любви

В Послании к Евреям, 11:6, нам сказано: *«А без веры угодить Богу невозможно; ибо надобно, чтобы приходящий к Богу веровал, что Он есть, и ищущим Его воздает».* Если мы верим, что Бог ответит на наши молитвы и что все наши усилия преобразуются в небесные награды, нам не придет в голову считать молитвы утомительным трудом.

Иисус в борении молился, чтобы отдать Свою жизнь за людей; и мы получим силу в молитве, если с любовью станем просить за души людей. Если вы можете искренне любить других, значит вы можете поставить себя на их место и осознать их трудности, как свои собственные, что добавит вам силы в молитве.

Представим себе, что вы молитесь о строительстве

нового храма. Вы должны молиться об этом с тем же усердием, как если бы молились о строительстве своего дома. Когда мы молимся о своем доме, мы просим Бога о земле, строительных материалах и рабочих. Точно так же мы должны просить Бога обо всем необходимом для строительства храма. Если вы молитесь за больного, постарайтесь представить себя на его месте и молиться от всего сердца, переживая его боль как свою собственную.

Иисус часто преклонял колени и пребывал в молитвенном борении, дабы исполнить волю Божью в Своей великой любви к Богу и ко всему человечеству. В результате Он открыл нам путь спасения, и теперь всякий, принимающий Иисуса Христа, получает прощение грехов и всю власть, присущую истинным детям Божьим.

Зная, как молился Иисус, мы понимаем, какая молитва угодна Богу. Итак, исследуйте свое отношение к молитве и сердце, молитесь так, чтобы ваше сердце и ваше отношение радовали Бога, и вы получите ответы на все ваши просьбы.

Глава 4

Чтобы вам не впасть
в искушение

От Матфея, 26:40-41

«И приходит к ученикам и находит их спящими, и говорит Петру: так ли не могли вы один час бодрствовать со Мною? бодрствуйте и молитесь, чтобы не впасть в искушение: дух бодр, плоть же немощна».

Молитвенная жизнь – дыхание нашего духа

Наш Бог – Живой, и Он властелин жизни человека, его смерти, проклятий и благословений, любви, справедливости и праведности. Он не желает, чтобы дети Его впали в искушение или страдали, но хочет, чтобы у всех была жизнь, полная благословений. Поэтому Бог послал Духа Святого, Советника, Который поможет Своим детям преодолеть этот мир, изгнать дьявола и жить полноценной и здоровой жизнью и прийти к спасению.

Бог обещал нам в Книге пророка Иеремии (29:11-12): *«Ибо [только] Я знаю намерения, какие имею о вас, говорит Господь, намерения во благо, а не на зло, чтобы дать вам будущность и надежду. И воззовете ко Мне, и пойдете, и помолитесь Мне, и Я услышу вас».*

Мы должны молиться, если рассчитываем жить с миром и надеждой. Пребывая постоянно в молитве, мы избежим искушений, достигнем процветания души, совершим то, что раньше казалось невозможным, преуспеем во всяком деле и пребудем в добром здоровье. Но если дети Божьи перестают молиться, то оказываются перед лицом искушений и страданий, потому что дьявол ходит, как рыкающий лев, ища, кого поглотить.

Жизнь без дыхания обрывается, и точно так же трудно переоценить роль молитвы в духовной жизни детей

Божьих. Бог велит нам непрестанно молиться (1-е посл. к Фессалоникийцам, 5:17), называет грехом пренебрежение к молитве (1-я кн. Царств, 12:23) и призывает нас к молитве, дабы нам не впасть в искушение (От Матфея, 26:41).

Недавно принявшие Иисуса Христа часто не знают, как молиться, и считают это утомительным занятием. Наш мертвый дух возрождается, когда мы принимаем Иисуса Христа и получаем дар Святого Духа. Но мы пока только духовные младенцы, и нам действительно трудно молиться.

Однако если дети Божьи постоянны в молитве и Слово Божье для них, как хлеб насущный, то укрепляется их дух и возрастает эффективность молитвы. Приходит осознание, что, как дыхание необходимо для жизни тела, так и молитва необходима для жизни духа.

Я помню, как в детстве мы соревновались друг с другом, кто сможет дольше задержать дыхание. Двое вставали друг против друга и делали глубокий вдох. Третий командовал, и как только он прокричит «готовы!», оба соревнующихся глубоко вдыхают, а по команде «начали!» они с решительным выражением лица задерживают дыхание.

Вначале это кажется не очень сложным. Но скоро лица детей становятся напряженными и красными. Наконец, они не могут себя больше сдерживать, вынужденные сделать выдох. Дыхание совершенно необходимо нам для жизни.

Так же обстоит дело и с молитвой. Когда духовный человек перестает молиться, он может не заметить большой разницы на первых порах. Но со временем это все больше сказывается на его сердце. Если бы в это время мы могли видеть его дух, то увидели бы, что он задыхается. Если такой человек осознает свою проблему и возобновляет молитву, он может восстановить нормальную христианскую жизнь. Но упорствуя в своем грехе, он все больше и больше будет ощущать пустоту и отчаяние в своем сердце, и все дела его придут в упадок.

Бог не желает, чтобы мы делали перерыв в молитвах. Как после задержки дыхания, мы долго приходим в норму, так и, допустив перерыв в молитвенной жизни, нам придется долго ее восстанавливать. И чем длиннее был этот перерыв, тем труднее будет восстановление.

Те, кто понимают, что молитва – это дыхание духа, не считают молитву чем-то трудным. Когда молитва становится желанной привычкой, мы наполняемся миром, надеждой и радостью и уже не можем представить себе жизнь без молитвы. Чем больше мы молимся, тем больше Бог отвечает нам, чтобы мы могли воздать Ему всю славу и честь.

Причины, по которым искушения приходят к тем, кто не молится

Иисус показал нам пример молитвы и повелел Своим ученикам бодрствовать и молиться, чтобы не впасть в искушение (От Матфея, 26:41). С другой стороны, это значит, что, уклоняясь от молитвы, мы впадаем в искушения. Почему же искушения настигают тех, кто избегает молитв?

Когда Бог создал первого человека, Адама, он сделал его душою живою, что позволило ему общаться с Богом, Который есть Дух. Но, после того как Адам вкусил от дерева познания добра и зла и ослушался Бога, дух его умер, общение между Богом и человеком прервалось, и Адам был изгнан из Эдемского сада. Дьявол – князь, господствующий в воздухе, овладел человеком, и человек все больше погружался в пучину греха.

Возмездие за грех – смерть (Посл. к Римлянам, 6:23), и Бог явил план спасения через жертву Иисуса Христа, чтобы спасти человечество, обреченное на смерть. Бог принимает Своим дитем каждого, кто принял Иисуса Спасителем, покаялся, признав себя грешником, и дает дар Святого Духа как залог спасения.

Святой Дух, Утешитель, послан Богом, чтобы обличить мир о грехе, о правде и о суде (От Иоанна, 16:8); Он ходатайствует за нас воздыханиями неизреченными (Посл. к

Римлянам, 8:26) и помогает нам победить мир.

Молитва необходима, чтобы исполниться Святым Духом и жить под Его водительством. Дух Святой обращается к нам во время молитвы, направляет наш разум и наше сердце, предупреждает о грозящих нам искушениях и помогает преодолеть искушения, если они все-таки встретились на нашем пути.

Но без молитвы мы не можем отличить волю Божью от воли человеческой. В погоне за мирскими желаниями, лишенные молитвенной жизни, люди устраивают свою жизнь по собственному разумению и самоправедности. Им не избежать в таком случае искушений, страданий и иных жизненных проблем.

В Послании Иакова, 1:13-15, мы читаем: *«В искушении никто не говори: „Бог меня искушает"; потому что Бог не искушается злом и Сам не искушает никого, но каждый искушается, увлекаясь и обольщаясь собственной похотью; похоть же, зачав, рождает грех, а сделанный грех рождает смерть».*

Иными словами, искушения настигают людей, которые не молятся; они уже не в состоянии отличить волю Божью от воли человеческой; обольщаясь мирскими желаниями, они не в силах преодолеть искушения и страдают от трудностей жизни. Бог хочет, чтобы все дети Его научились быть довольными своим положением, испытав жизнь в довольстве и жизнь в скудости, познав тайну радости в любой ситуации и в любых стесненных жизненных обстоятельствах (Посл. к Филиппийцам, 4:11-12).

Похоть, зачав, рождает грех, а возмездие за грех – смерть. Бог не может защитить человека, продолжающего жить в грехе. Чем больше человек грешит, тем больше искушений и страданий посылает ему дьявол. Некоторые люди, впав в искушение, обвиняют в этом Бога, говоря, что это Бог посылает им искушения и заставляет их страдать. Такое отношение есть ропот против Бога; они закрывают для себя возможность Божьей помощи и сами не могут преодолеть искушений.

Итак, Бог велит нам оставить мудрствования и помышления, направленные против познания Бога, и пленять всякое помышление в послушание Христу (2-е посл. к Коринфянам, 10:5). В Послании к Римлянам, 8:6-7, Бог напоминает нам: *«Помышления плотские суть смерть, а помышления духовные – жизнь и мир, потому что плотские помышления суть вражда против Бога; ибо закону Божию не покоряются, да и не могут».*

Большая часть того, что мы познали и заучили, до того как встретились с Богом, оказывается ложью в свете Божьей истины. Только разрушив плотские теории и помышления, мы сможем полностью посвятить себя воле Божьей. Но для того чтобы разрушить все эти аргументы и преграды, нам необходимо молиться.

Иногда Бог с любовью отводит Своих возлюбленных детей от пути, ведущего к погибели, допуская искушения в их жизни, чтобы они могли покаяться и исправиться. Когда человек исследует себя и кается перед Богом за все, что неприемлемо в Божьих очах, неустанно молится и взирает на Того, Кто изменяет все во благо для любящих Его, тогда Бог вознаградит его за веру и непременно ответит на его молитву.

Дух бодр, плоть же немощна

Перед тем как принять крест, Иисус удалился со Своими учениками в Гефсиманию и пребывал там в борении и молитве. Увидев, что ученики Его уснули, Он произнес с сожалением: *Дух бодр, плоть же немощна* (От Матфея, 26:41).

Библия говорит нам о «плоти», «плотских вещах» и «делах плоти». Слово «плоть» употребляется в значении, противоположном «духу», указывая на все меняющееся и преходящее. «Плоть» указывает и на все творения, включая человека, растения и животных. Слово «дух», с другой стороны, указывает на нечто вечное, истинное и неизменное.

Со времени непослушания Адама, каждый человек рождается с греховной природой, и это есть его первородный грех. Кроме того, есть грехи, которые мы совершаем сами, по наущению дьявола. Человек становится «плотью», когда его тело запятнано ложью и сливается с греховной природой. Вот, что говорится в Послании к Римлянам (9:8): *То есть не плотские дети суть дети Божии, но дети обетования признаются за семя*. И далее, в Послании к Римлянам, 13:14, Бог предупреждает нас: *«...облекитесь в Господа нашего Иисуса Христа, и попечения о плоти не превращайте в похоти»*.

«Плотские вещи» – это различные греховные качества, такие, как обман, зависть, ревность и ненависть (Посл. к Римлянам, 8:5-8). Они еще не проявили себя в действии, но побуждают нас к этому. Когда мы поддаемся искушению, они становятся «делами плоти» (Посл. к Галатам, 5:19-21).

Что имел в виду Иисус, когда назвал плоть немощной? Разве он говорил о физическом состоянии учеников? Бывшие рыбаки, Петр, Иаков и Иоанн, были в расцвете сил и обладали прекрасным здоровьем. Для людей, проводивших много ночей за ловлей рыбы, было бы не так сложно провести несколько часов в бодрствовании. Но, даже после того как Иисус призвал их к бодрствованию и молитве, они не смогли удержаться и уснули. Они, может, и шли в Гефсиманию с Иисусом, чтобы молиться, но это желание было лишь в их сердце. Когда Иисус назвал их плоть немощной, Он имел в виду, что ученики оказались не в состоянии противостать похоти плоти, склонявшей их ко сну.

Один из любимых учеников Иисуса, Петр, не смог молиться, потому что плоть его была немощна. По этой же причине он трижды отрекся от Иисуса, когда стража забрала Его. Все это происходило до Воскресения и Вознесения Иисуса, и потому, не имея помощи от Святого Духа, Петр пребывал в великом страхе. Но после того как Дух Святой снизошел на него, он смог воскрешать мертвых, творить чудеса и знамения и без страха пойти на распятие вниз головой. Мы не найдем и следов его прошлой слабости в бесстрашном и дерзновенном апостоле Божьей силы. Все это произошло из-за того, что Иисус пролил Свою драгоценную, безгрешную и непорочную кровь, чтобы искупить нас от наших немощей, бедности и слабостей. Если мы живем верой, в послушании Божьему слову, Бог дарует нам здоровье, физическое и духовное, и все, что невозможно для человека, станет возможным для нас.

Некоторые люди, совершая грех, не спешат раскаиваться, но оправдывают себя, говоря: «Плоть моя немощна». Такие люди не знают, в чем заключается истина. Представим себе, что отец дает сыну тысячу долларов. Было бы неправдоподобно, если бы сын, положив деньги в карман, сказал вдруг, что у него нет ни копейки. Как огорчился бы отец, узнав, что сын его умирает от голода, ничего не покупая, но все еще имея в кармане 1.000 долларов. Так же нелепо поступают и те из нас, кто, получив дар Святого Духа, все еще ссылаются на немощь своей плоти.

Я знаю людей, которые каждый день отправлялись спать в 10 часов вечера, а теперь бодрствуют всю ночь во время всенощного пятничного молитвенного собрания, молясь и получая помощь Святого Духа. Они не чувствуют сонливости или усталости и посвящают каждую пятницу Богу в полноте Святого Духа. Пребывая в полноте Святого Духа, мы обостряем свое духовное зрение, наполняем сердца радостью и ощущаем необыкновенную легкость во всем теле.

Мы живем в эпоху Святого Духа, а потому мы не можем оправдывать свои грехи ссылками на немощь плоти. Постоянно бодрствуя и пребывая в молитве, мы получаем помощь Святого Духа для борьбы с делами плоти и всеми плотскими проявлениями, неустанно сообразуя свою жизнь во Христе с волей Божьей.

Благословения для тех, кто бодрствует и молится

В 1-м послании Петра, 5:8-9, мы читаем: *«Трезвитесь,*

бодрствуйте, потому что противник ваш диавол ходит, как рыкающий лев, ища, кого поглотить. Противостойте ему твердою верою, зная, что такие же страдания случаются и с братьями вашими в мире». Враг наш, дьявол и сатана, князь, господствующий в воздухе, использует каждую возможность, чтобы искушать верующих в Бога, дабы сбить их с пути и не дать народу Божьему обрести полноту веры.

Человек, задумавший вырвать дерево, начнет с того, что сильно потрясет его. Но если ствол у дерева крепкий, а корни уходят глубоко в землю, он поищет другое дерево. Обнаружив, что другое дерево не такое крепкое, он станет трясти его с еще большим ожесточением. Так же и дьявол – он оставляет человека в покое, как только видит, что не в состоянии поколебать его. Но если мы колеблемся, хотя бы немного, то наш враг дьявол, будет продолжать искушать нас, чтобы вырвать нас с корнем.

Нам необходима помощь Свыше, чтобы понять и разрушить планы врага дьявола и жить в свете, по Слову Божьему; но для этого нам нужно пребывать в молитве и борении. Иисус, Единородный Сын Божий, мог совершить волю Пославшего Его силой Своей молитвы. Перед началом Своего служения, Иисус подготовил Себя, проведя 40 дней в посте и молитве; но Он не переставал постоянно молиться и во время трехлетнего служения, являя многие чудеса и знамения Божьей силы. В конце земного пути сила молитвенной борьбы в Гефсиманском саду дала Ему возможность победить власть смерти Своим воскресением. Именно поэтому Господь призывает нас: *«Будьте постоянны в молитве, бодрствуя в ней с благодарением»* (Посл. к Колоссянам, 4:2). И в другом месте: *«Впрочем, близок всему конец. Итак, будьте благоразумны и бодрствуйте в молитвах»* (1-е посл. Петра, 4:7). Иисус учил нас молиться так: *«И не введи нас в искушение, но избавь нас от лукавого...»* (От Матфея, 6:13). Очень важно избегать искушений. Если мы впадаем в искушение, значит, мы не побороли его, то есть вера наша ослабела и уменьшилась, а находясь в таком духовном состоянии, Богу угодить невозможно.

Если мы бодрствуем и пребываем в молитве, Святой Дух учит нас идти путем праведным, бороться с грехами и избавляться от них. Кроме того, чем больше преуспевает наша душа, тем больше наше сердце походит на сердце Господа, и мы здравствуем и преуспеваем во всех своих делах.

Молитва – это ключ к преуспеванию и к благословению здоровьем, телесным и духовным. В 1-м послании Иоанна, 5:18, есть обетование: *«Мы знаем, что всякий, рожденный от Бога, не грешит; но рожденный от Бога хранит себя, и лукавый не прикасается к нему»*. Когда мы молимся, бодрствуем и ходим в свете, враг дьявол не приблизится к нам. И даже если мы впадем в искушение, Бог укажет нам путь к избавлению и соделает все ко благу любящих Его.

Бог хочет, чтобы мы постоянно молились. Мы должны стать Его благословенными детьми, бодрствуя, отражая все атаки дьявола и с верой принимая все, что Бог приготовил для нашего благословения.

В 1-м послании к Фессалоникийцам, 5:23, мы читаем: *«Сам же Бог мира да освятит вас во всей полноте, и ваш дух и душа и тело во всей целости да сохранится без порока в пришествие Господа нашего Иисуса Христа»*.

Пусть каждый из вас получит помощь Святого Духа, постоянно бодрствуя в молитве; и, как дитя Божье, создаст в себе сердце чистое и непорочное, отвергая свою греховную природу и обрезая свое сердце силой Святого Духа; и наслаждается властью, данной детям Божьим, благодаря чему преуспевает и душа; пусть вам сопутствуют успех во всем и благословенное здоровье; и да воздаст каждый из вас за все славу Богу; во имя Господа нашего, Иисуса Христа, я молюсь!

Глава 5

Молитва праведника

Посл. Иакова, 5:16-18

«...*Много может усиленная молитва праведного. Илия был человек, подобный нам, и молитвою помолился, чтобы не было дождя: и не было дождя на землю три года и шесть месяцев. И опять помолился: и небо дало дождь, и земля произрастила плод свой*».

Молитва веры, исцеляющая больных

Оглядываясь назад, мы вспоминаем, как мы молились во время страданий и как радовались и благодарили Бога, получив ответ на наши молитвы. Были времена, когда мы молились с другими людьми об исцелении наших любимых и воздавали славу Богу за то, что в результате молитвы свершалось невозможное.

11-я глава Послания к Евреям посвящена описанию веры с разных позиций. В начале идет определение: *«Вера же есть осуществление ожидаемого и уверенность в невидимом».* И далее (11:6): *«А без веры угодить Богу невозможно; ибо надобно, чтобы приходящий к Богу веровал, что Он есть, и ищущим Его воздает».*

Нужно уметь различать веру «плотскую» и веру «духовную». Имея плотскую веру, мы способны принять Божье слово, только если оно совпадает с нашими собственными мыслями. Такая вера не может изменить нашу жизнь. Но имея веру духовную, мы принимаем силу Божью и Божье Слово – таким, как оно есть, даже если оно противоречит нашим мыслям и теориям. Обретая веру в Бога, создавшего весь мир из ничего, мы все больше будем ощущать заметные перемены в нашей жизни, станем свидетелями чудес и знамений и уже никогда не усомнимся в том, что все возможно для верующего в Него.

Поэтому Иисус говорит нам: *«Уверовавших же будут сопровождать сии знамения: именем Моим будут изгонять бесов; будут говорить новыми языками; будут брать змей; и если что смертоносное выпьют, не повредит им; возложат руки на больных, и они будут здоровы»* (От Марка, 16:17-18); и *«если сколько-нибудь можешь веровать, всё возможно верующему»* (От Марка, 9:23); и еще: *«Потому говорю вам: всё, чего ни будете просить в молитве, верьте, что получите, – и будет вам»* (От Марка, 11:24).

Как же нам обрести духовную веру, чтобы стать свидетелями великой силы Божьей? Прежде всего мы должны помнить слова апостола Павла во 2-м послании к Коринфянам (10:4-5): «...ниспровергаем замыслы и всякое превозношение, восстающее против познания Божия, и пленяем всякое помышление в послушание Христу». Мы не должны считать истинным то знание, которое приобрели до этого момента. Нам следует отказаться от всякого знания и всякой теории, которые не согласуются с Божьим словом, полностью посвятить себя служению истине и жить по Слову Божьему. Чем быстрее мы отвратимся от плотских помышлений и неправды, тем скорее придет процветание души, и мы обретем духовную веру.

Духовная вера – это та мера веры, которую Бог даровал каждому из нас (Посл. к Римлянам, 12:3). В тот момент, когда, впервые услышав Евангелие, мы принимаем Иисуса

Христа, наша вера мала, как горчичное зерно. Но, посещая богослужения, слушая Слово Божье и исполняя его, мы возрастаем в праведности. Растет наша вера, и в нашей жизни начинают происходить те же чудеса, которые происходили в жизни других верующих.

Если мы молимся об исцелении больного, то наша вера должна быть духовной верой. В Евангелии от Матфея, в 8-й главе, мы читаем о сотнике, чей слуга был парализован. Но сотник верил, что слуга исцелится, как только Иисус скажет слово, и действительно слуга исцелился в тот же час (От Матфея, 8:5-13).

Мы должны молиться о больных только с дерзновенной верой, не сомневаясь в том, что обещал Бог: *«Но да просит с верою, нимало не сомневаясь, потому что сомневающийся подобен морской волне, ветром поднимаемой и развеваемой. Да не думает такой человек получить что-нибудь от Господа»* (Посл. Иакова, 1:6-7).

Только сильная, устойчивая вера может угодить Господу. Если мы предстаем перед Ним объединенные любовью и с верой молимся об исцелении, Бог творит великие дела. Болезнь есть результат греха, а наш Бог есть Господь Целитель (Исход, 15:26). Бог прощает и исцеляет нас, когда мы исповедуем друг другу грехи свои и молимся.

Молясь с духовной верой и духовной любовью, мы увидим великие дела Божьи и воздадим Ему всю славу и честь, испытав любовь Господа.

Молитва праведника особенно сильна и действенна

Согласно Вебстерскому словарю, «праведник» – это человек, поступающий в соответствии с законами Бога или моральными законами и лишенный вины и греха. Но в Послании к Римлянам, 3:10, мы читаем: *«Нет праведного ни одного». Бог говорит нам: «...не слушатели закона праведны пред Богом, но исполнители закона оправданы будут»* (Посл. к Римлянам, 2:13); и еще: *«Потому что делами закона не оправдается пред Ним никакая плоть; ибо законом познаётся грех»* (Посл. к Римлянам, 3:20).

Грех вошел в мир через непослушание первого человека, Адама, и бесчисленное количество людей попали под осуждение из-за греха одного человека (Посл. к Римлянам, 5:12,18). Но человечеству, лишенному славы Божьей, независимо от Закона, явилась правда Божья, а правда Божья дается всем верующим через веру в Иисуса Христа (Посл. к Римлянам, 3:21-23).

Представления о праведности меняются в зависимости

от ценностей того или иного поколения; тогда что же может служить критерием истинной праведности? Бог остается неизменным, и Его праведность есть истинный образец праведности.

В Послании к Римлянам, 3:28, сказано: «...мы признаём, что человек оправдывается верою, независимо от дел закона». Однако вера наша не уничтожает закон, но утверждает его (Посл. к Римлянам, 3:31).

Получая оправдание верой, мы должны принести плод святости, избавившись от грехов и став рабами Божьими. Наша цель в том, чтобы достичь всей полноты праведности, уклоняясь от всякой неправды и сообразуя свою жизнь с истиной Слова Божьего.

Бог вменит нашу веру в праведность и ответит на наши молитвы, если вера будет сопровождаться делами и если день за днем мы будем жить Словом Его. Разве сможет Бог ответить человеку, который посещает церковь, но воздвиг стену греха между собой и Богом своим непослушанием родителям, враждой с братьями и дурным поведением?

Молитвам праведника – человека, пребывающего в послушании Слову Божьему и имеющего в себе залог Божьей любви, – Бог дает силу быть действенными и успешными.

В Евангелии от Луки, 18:1-8, мы находим притчу о

настойчивой вдове. Дело вдовы рассматривалось судьей неправедным, который и Бога не боялся, и людей не стыдился. Но, тем не менее, благодаря ее настойчивости, судья все-таки решил удовлетворить ее просьбу, сказав: *«Хотя я и Бога не боюсь и людей не стыжусь, но, как эта вдова не дает мне покоя, защищу ее, чтобы она не приходила больше докучать мне»* (стихи 4-5).

Рассказав эту притчу, Иисус добавил: *«Слышите, что говорит судья неправедный? Бог ли не защитит избранных Своих, вопиющих к Нему день и ночь, хотя и медлит защищать их? сказываю вам, что подаст им защиту вскоре...»* (стихи 6-8).

Мы видим вокруг себя людей, которые считают себя детьми Божьими, постоянно взывают к Богу в молитве и часто постятся, но так и не получают ответа от Бога. Они должны понять, что еще не обрели праведность в очах Божьих.

В Послании к Филиппийцам, 4:6-7, говорится: *«Не заботьтесь ни о чем, но всегда в молитве и прошении с благодарением открывайте свои желания пред Богом, и мир Божий, который превыше всякого ума, соблюдет сердца ваши и помышления ваши во Христе Иисусе»*. Бог отвечает людям в зависимости от уровня праведности, который они обрели в Его очах, молясь с верой и любовью. Бог всегда быстро отвечает на молитвы тех, кто стал воистину праведным человеком, для того чтобы он мог воздать всю Славу Богу. Итак, особенно важно для нас разрушить стену греха, отделяющую нас от Бога, чтобы обрести право называться праведными в очах Его и неустанно молиться с верой и любовью.

Дары и сила

«Дары» – это особые Божьи подарки, дарованные нам как залог Божьей любви. Чем больше человек молится, тем сильнее он станет желать и просить Бога об особенных дарах. Но иногда человек просит о дарах для удовлетворения своих желаний, далеких от истины. Такой дар только навредит человеку, и мы должны хранить себя от этой опасности.

В 8-й главе Деяниий мы читаем о некоем Симоне – волхве, который, услышав проповедь Филиппа, следовал за ним повсюду и удивлялся, видя чудеса и знамения (стихи 9-13). Увидев же, что Святой Дух дается через возложение рук Петра и Иоанна, он принес апостолам деньги и попросил их: *«Дайте и мне власть сию, чтобы тот, на кого я возложу руки, получал Духа Святого»* (Деяния, 8:19).

В ответ Петр осудил Симона: *«Серебро твое да будет в погибель с тобою, потому что ты помыслил дар Божий получить за деньги. Нет тебе в сем части и жребия, ибо сердце твое неправо пред Богом. Итак покайся в сем грехе твоем, и молись Богу: может быть, отпустится тебе помысел сердца твоего; ибо вижу тебя исполненного горькой желчи и в узах неправды»* (стихи 20-23).

Дары нисходят на того, кто свидетельствует о Живом Боге, дабы спасти человечество, и пользоваться ими следует под водительством Святого Духа. Мы должны стараться стать праведными в Его очах, прежде чем просить о дарах.

Достигнув процветания души и сделав себя инструментами Божьими, Бог позволяет нам, по вдохновению Святого Духа, просить о дарах, и Он даст нам дары, о которых мы просим.

Мы знаем, что Бог использовал мужей веры по-разному, в зависимости от Своих целей. Кому-то была дана власть являть Божью силу, а кому-то – пророчествовать, а кто-то обладал даром учительства. Бог распределяет наибольшие дары и дает Свою силу тем, кто преуспел в вере и любви.

Тогда, когда Моисей жил в Египте, он отличался вспыльчивым характером и, не задумываясь, убил египтянина, избивавшего одного из сынов Израильских (Исход, 2:12). Но, пройдя через многие испытания, Моисей стал кротчайшим человеком на земле и получил от Бога великую власть. С помощью многих чудес и знамений он смог вывести Израильтян из египетского рабства (Числа, 12:3).

В Послании Иакова, 5:17-18, мы читаем о молитве

пророка Илии: *«Илия был человек, подобный нам, и молитвою помолился, чтобы не было дождя: и не было дождя на землю три года и шесть месяцев. И опять помолился: и небо дало дождь, и земля произрастила плод свой».*

Многие библейские примеры говорят о том, что молитва праведника обладает особой силой и эффективностью. Праведник отличается особой силой и властью. Иногда люди проводят бесчисленные часы в молитве, но так и не получают ответа от Бога. А молитва праведника никогда не остается без ответа, и Бог являет Свою силу через такую молитву. Богу угодна жертвенная молитва веры и любви, и Он всегда готов одарить нас Своими чудными дарами, чтобы мы еще больше прославили Его имя.

Но мы не были праведными изначально; мы стали праведными по вере, после того как приняли Иисуса Христа. Слушая Слово Божье и осознавая себя грешными, мы облекаемся в праведность, отбрасываем неправду и радеем о благополучии души. Каждый день, ходя в свете и истине, мы все больше укрепляемся в праведности, отдавая себя Богу каждый день, чтобы вслед за апостолом Павлом признаться: *«Я каждый день умираю…»* (1-е посл. к Коринфянам, 15:31).

Я призываю каждого из вас пересмотреть свою жизнь и как можно скорее разрушить стену греха, отделяющую вас от Бога.

Пусть каждый из вас следует за Богом с верой, жертвует с любовью и молится, как праведник, чтобы вы были признаны праведными, получили Божье благословение во всем и воздали Богу всю славу. Я молюсь об этом во имя нашего Господа!

Глава 6

Великая сила молитвы
по соглашению

От Матфея, 18:19-20

«Истинно также говорю вам, что если двое из вас согласятся на земле просить о всяком деле, то, чего бы ни попросили, будет им от Отца Моего Небесного, ибо, где двое или трое собраны во имя Мое, там Я посреди них».

Бог с радостью принимает молитву по соглашению

Корейская пословица гласит: «Вдвоем даже лист бумаги поднимать удобнее». Это старинное высказывание учит нас, что при любом совместном труде результат всегда лучше, чем если бы мы трудились поодиночке. Христианство всегда подчеркивало важность любви к ближнему и к церковной общине, и потому оно может служить для нас и здесь хорошим примером.

В Книге Екклесиаста, 4:9-12, сказано: *«Двоим лучше, нежели одному; потому что у них есть доброе вознаграждение в труде их: ибо если упадет один, то другой поднимет товарища своего. Но горе одному, когда упадет, а другого нет, который поднял бы его. Также, если лежат двое, то тепло им; а одному как согреться? И если станет преодолевать кто-либо одного, то двое устоят против него: и нитка, втрое скрученная, не скоро порвется».* Эти стихи учат нас, что совместные усилия приносят нам силу и радость.

В Евангелии от Матфея, 18:19-20, мы читаем о важности молитвы верующих по соглашению. Когда мы молимся в одиночестве, мы молимся о своих личных нуждах, размышляя в тишине над Словом Божьим. Но совместная молитва предполагает согласие нескольких человек взывать в молитве к Богу.

И Иисус говорит нам: «...если двое из вас согласятся на земле» и «...где двое или трое собраны во имя Мое». Молитва по соглашению – это молитва многих, слитая воедино. Бог радуется, когда мы молимся вместе, и мы имеем твердое обетование, что Он исполнит все наши просьбы, когда двое или трое соберутся во имя Господа.

Как именно мы можем воздать славу Богу, молясь по соглашению дома, в церкви или во время собрания молитвенной группы? Рассмотрим способы и значение молитвы по соглашению, чтобы нам получить от Бога все, о чем бы мы ни попросили, ревнуя прежде всего о Его Царстве, праведности и церкви и воздавая Ему всю славу и честь.

Значение молитвы по соглашению

Иисус обращается к нам в Евангелии от Матфея: *«Истинно также говорю вам, что если двое из вас согласятся на земле просить о всяком деле, то, чего бы ни попросили, будет им от Отца Моего Небесного»* (От Матфея, 18:19). В этом стихе есть одна особенность. Иисус говорит здесь не о молитве одного или троих людей, но «если двое из вас согласятся на земле просить о всяком деле». Отчего Иисус упоминает именно двух молящихся?

Таким образом Бог иносказательно противопоставляет одного молящегося и всех остальных людей. Выражение «двое из вас» может указывать на любое количество молящихся.

Но в чем духовное значение молитвы «двоих»? Дух Святой обитает в каждом человеке и заботится о нас, как об этом сказано в Послании к Римлянам (8:26): *«Также и Дух подкрепляет нас в немощах наших; ибо мы не знаем, о чем молиться, как должно, но Сам Дух ходатайствует за нас воздыханиями неизреченными».* Святой Дух создает из сердца нашего храм себе и ходатайствует за нас перед Богом.

Принимая Иисуса Христа как своего Спасителя, мы получаем власть детей Божьих. Дух Святой оживляет наш дух, который был мертв со времен первого грехопадения. Итак, у каждого из детей Божьих есть сердце, и Святой Дух со Своим Собственным характером обитает в нем.

Выражение «двое на земле» также относится к молитве нашего сердца совместно с молитвой духа, по ходатайству Духа Святого (1-е посл. к Коринфянам, 14:15; Посл. к Римлянам, 8:26). Под словами «двое из вас согласятся на земле просить о всяком деле» подразумевается молитва по соглашению. И когда Дух Святой присоединяется к молитве двух или более верующих, то, пребывая в согласии, мы, как «двое на земле», можем просить Бога о всяком деле.

Итак, не будем забывать о значении молитвы по

соглашению, чтобы нам увидеть в своей жизни осуществление Божьего обетования: «...*если двое из вас согласятся на земле просить о всяком деле, то, чего бы ни попросили, будет им от Отца Моего Небесного*» (От Матфея, 18:19).

Как нам молиться по соглашению

Бог с радостью принимает молитву по соглашению, не медлит с ответом и являет великие дела Свои тем верующим, которые взывают к Нему с единым сердцем.

Мы доставляем Богу великую радость, и Имя Его прославляется, когда мы в согласии между собой и Духом Святым молимся в единстве сердец. Такая молитва способна низвести с неба огонь Духа и безоговорочно свидетельствовать о Боге Живом. Однако не так просто приступить к молитве с единым сердцем, и любое наше согласие будет иметь определенные последствия.

Представим себе слугу двух господ. Разве не будет такой слуга разрываться между желанием угодить обоим? А это бывает невозможным, если у его господ будут разные вкусы и привычки.

Снова представим себе так же двух людей, пытающихся спланировать некое мероприятие. Если они не смогут прийти к соглашению и совместно разработать план, можно быть уверенными, что мероприятие не удастся. И если каждый будет стараться для себя, имея свою собственную цель, то плачевный результат такой работы будет очевиден. Поэтому, чтобы получить ответы на все прошения, важно приходить к Богу с единым сердцем, независимо от того, молится ли человек один или их двое или больше.

Итак, возможно ли достичь единства в сердце в молитве? Люди, согласившиеся молиться вместе, должны молиться по вдохновению Духа Святого, стать едины с Духом Святым и молиться в Духе (Посл. к Ефесянам, 6:18). Дух Святой несет в Себе разум Божий, исследует все, даже глубины Божьи (1-е посл. к Коринфянам, 2:10), и ходатайствует за нас по воле Божьей (Посл. к Римлянам, 8:27). Когда мы следуем за Духом Святым, Который направляет наш разум во время молитвы, Бог рад принять наши молитвы и даже отвечает на желания нашего сердца.

Прежде чем мы сможем молиться в полноте Духа Святого, мы должны уверовать в истинность Божьего слова, повиноваться в истине, всегда радоваться, постоянно молиться и благодарить во всех обстоятельствах. Мы должны взывать к Богу от всего сердца. Подкрепляя веру делами и борясь в молитве, мы радуем Бога, и Он дает нам радость через Святого Духа. Это и значит «исполниться вдохновением» Святого Духа.

Некоторые начинающие или не имеющие постоянной

молитвенной практики верующие смотрят на совместную молитву, как на трудное и утомительное занятие. Пытаясь провести один час в молитве, они перебирают всевозможные темы, но так и не могут молиться в течение часа. Они быстро утомляются, с нетерпением ждут, когда же окончится назначенное время, и начинают бессвязно бормотать. Бог не может ответить на такую «молитву души».

Многие верующие остаются на уровне молитвы души, даже если они посещают церковь в течение многих лет. Молитва без духа – это главная причина, по которой люди не получают ответы от Бога и впадают в уныние. Но это не значит, что Бог отвернулся от таких людей. Бог слышит все наши просьбы, но Он не может ответить на такую молитву.

Значит ли это, что, не имея вдохновения от Святого Духа, мы просто тратим время в бесполезной молитве? Это все-таки не так. Продолжая взывать к Богу, мы можем рассчитывать на то, что Бог откроет для нас врата молитвы и дарует нам Свою силу, чтобы мы смогли молиться в духе. Бог не откроет врата молитвы, если мы не будем Ему молиться. Бог слушает даже молитву души; и как только будут открыты врата молитвы, вы, объединившись со Святым Духом, должны перейти к молитве по вдохновению Святого Духа, и тогда вы получите то, о чем просили в прошлом.

Представим себе сына, который огорчает своего отца.

Такой сын вряд ли получит от него то, что он просит. Но если сын изменится и делами своими станет радовать отца, то тогда поведение сына будет ему по сердцу. Как отец к этому отнесется? Их отношения уже не будут такими, какими были раньше. Отец действительно захочет дать ему все самое лучшее и готов будет подарить сыну все, о чем бы тот ни попросил, даже то, что он просил раньше.

Подобным образом, мы накапливаем молитвы, даже если обращаемся к Богу со своими мыслями. Как только врата молитвы откроются, мы получим силу и станем молиться так, что наша молитва будет угодна Богу. Тогда мы получим и то, о чем просили Его раньше, и увидим, что не пропущена ни одна, даже малейшая, наша просьба.

Молясь Богу в духе, в полноте Духа Святого, у нас не будет ни усталости, ни сонливости, ни мирских мыслей, но мы будем молиться с верой и радостью. Так могут молиться и несколько человек вместе, если молиться в духе и любви, в единстве разума и воли.

Прочитаем еще раз стихи, которые мы цитировали в начале главы: «...где двое или трое собраны во имя Мое, там Я посреди них» (От Матфея, 18:20). Когда народ Божий, получив Святого Духа, собирается для молитвы во имя Иисуса Христа, их молитва, по сути, это молитва по соглашению, и Господь непременно будет присутствовать среди них. Иными словами, когда люди, исполненные Духом Святым, соглашаются молиться вместе, Господь объединяет их Святым Духом, чтобы вести их всех в едином порыве и чтобы молитва их была угодна Богу.

Но если группа верующих не может прийти к единству и объединиться сердцем, то она не сможет прийти к согласию в молитве; и даже молитва каждого из них, притом, что будет единая цель в молитве, не будет от всего сердца, так как в этой группе каждое сердце не в согласии с другими. Если сердца у присутствующих не могут объединиться, ведущий группы должен начать с прославления и покаяния, чтобы сердца людей соединились в Святом Духе.

Господь всегда с теми, кто взывает к Нему под водительством Святого Духа с единым сердцем. Бог видит сердце каждого человека и направляет его к общей цели. Но Бог не сможет присутствовать там, где нет настоящего единства между верующими.

Соединившись в Святом Духе и взывая к Богу в согласии, все участники молитвенного служения станут молиться от всего сердца, исполнятся силой Святого Духа, так что их тела будут в поту, и они исполнятся уверенности в том, что они получат ответы от Бога на все, о чем просили в порыве радости, и наш Господь будет среди них; и эта молитва угодна Ему.

Я надеюсь, что когда молитвенная группа соберется дома или в церкви, то, молясь по соглашению в полноте Святого

Духа, каждый из вас получит от Бога все, о чем просит в молитве, и воздаст Ему славу.

Великая сила молитвы по соглашению

Одно из преимуществ молитвы по соглашению в том, что Бог быстрее отвечает на совместную просьбу, и деяния Божьи проявляются с большей силой, потому что, к примеру, между получасовой молитвой одного человека и такой же совместной молитвой десяти верующих есть большая разница. Когда люди молятся в согласии друг с другом и Бог с радостью принимает их молитву, они получают неоспоримые свидетельства могущества Божьего и великой силы молитвы по соглашению.

В Деяниях, 1:12-15, мы читаем о том, как большая группа людей, вместе с учениками Господа, постоянно пребывала в молитве после Его Воскресения и Вознесения. Их было около ста двадцати человек. Они вместе молились до дня Пятидесятницы в согласии, с верой ожидая исполнения обетования Иисуса о получении Святого Духа.

«При наступлении дня Пятидесятницы все они были единодушно вместе. И внезапно сделался шум с неба, как бы от несущегося сильного ветра, и наполнил весь дом, где они находились. И явились им

разделяющиеся языки, как бы огненные, и почили по одному на каждом из них. И исполнились все Духа Святого, и начали говорить на иных языках, как Дух давал им провещевать» (Деяния, 2:1-4).

Как чудесны дела Божьи! Во время совместной молитвы каждый из ста двадцати собравшихся исполнился Святым Духом и стал говорить на иных языках. Апостолы также обрели великую силу Божью, так что число уверовавших в Иисуса Христа и крестившихся, благодаря проповеди Петра, исчислялось тремя тысячами (Деяния, 2:41). Чудеса и знамения сопровождали апостолов, и число уверовавших увеличивалось с каждым днем, и жизнь новых христиан также постепенно стала меняться (Деяния, 2:43-47).

«Видя смелость Петра и Иоанна и приметив, что они люди некнижные и простые, они [священники, начальники стражи и книжники] удивлялись; между тем узнавали их, что они были с Иисусом; видя же исцеленного человека, стоящего с ними, ничего не могли сказать вопреки» (Деяния, 4:13-14).

«Руками же Апостолов совершались в народе многие знамения и чудеса; и все единодушно пребывали в притворе Соломоновом. Из посторонних же никто не смел пристать к ним,

а народ прославлял их. Верующих же более и более присоединялось к Господу, множество мужчин и женщин, так что выносили больных на улицы и полагали на постелях и кроватях, дабы хотя тень проходящего Петра осенила кого из них. Сходились также в Иерусалим многие из окрестных городов, неся больных и нечистыми духами одержимых, которые и исцелялись все» (Деяния, 5:12-16).

Сила молитвы по соглашению позволила апостолам проповедовать Слово с дерзновением, исцелять слепых, хромых, расслабленных, воскрешать мертвых, исцелять любые болезни и изгонять злых духов.

Ниже мы читаем историю Петра, заключенного в темницу во время правления Ирода (Агриппы I), который был известен своими преследованиями христиан. В Деяниях, 12:5, мы читаем: *«Итак, Петра стерегли в темнице, между тем церковь прилежно молилась о нем Богу».* Скованный двумя цепями, Петр спал в темнице, в то время как церковь молилась о нем. Услышав молитву церкви, Бог послал Ангела, чтобы вывести Петра.

За ночь, до того как Петру надлежало предстать перед судом Ирода, его сковали цепями, и множество воинов охраняло вход в темницу (Деяния, 12:6). Но Бог явил Свою силу, освободив Петра от цепей и отворив железные ворота темницы (Деяния, 12:7-10). Тогда Петр пошел в дом Марии, матери Иоанна, называемого Марком, и увидел много людей, которые о нем молились (Деяния, 12:12). Такое чудо стало результатом совместной молитвы церкви о Петре.

Единственно, что церковь могла сделалать для Петра, заключенного в темницу, это молиться в согласии. Так же и дети Божьи, когда болезни и проблемы одолевают нас, вместо мирских решений, волнений и тревог прежде всего должны верить, что Бог разрешит все их проблемы, должны собраться вместе, в едином порыве, и молиться в полном согласии.

Бог никогда не оставляет без внимания молитву церкви по соглашению, Он радуется такой молитве и отвечает на просьбу чудесами силы Своей. И как же возрадуется Бог, увидев, что дети Его молятся вместе о Царстве Божьем и правде Его!

Исполнившись Святым Духом, собираясь вместе для молитвы по соглашению в духе, мы на своем опыте испытаем великие деяния Божьи. И как это было в ранней церкви при апостолах, мы, распространяя Царство Божье и получая ответы на все молитвы, обретем силу жить по Слову Божьему и станем свидетелями Живого Бога.

Помните, пожалуйста, что Бог обещал нам ответить, если мы просим Его в совместной молитве по соглашению. Пусть каждый из вас поймет значение молитвы по соглашению, чтобы нам с радостью встречаться с теми, кто молится во имя Иисуса Христа. Тогда вы испытаете великую силу молитвы по соглашению, получите силы молиться и стать драгоценными служителями и свидетелями Живого Бога. Я молюсь об этом во имя нашего Господа!

Глава 7

Всегда молитесь
и не сдавайтесь

От Луки, 18:1-8

«Сказал также им притчу о том, что должно всегда молиться и не унывать, говоря: в одном городе был судья, который Бога не боялся и людей не стыдился. В том же городе была одна вдова, и она, приходя к нему, говорила: „защити меня от соперника моего". Но он долгое время не хотел. А после сказал сам в себе: „хотя я и Бога не боюсь и людей не стыжусь, но, как эта вдова не дает мне покоя, защищу ее, чтобы она не приходила больше докучать мне". И сказал Господь: слышите, что говорит судья неправедный? Бог ли не защитит избранных Своих, вопиющих к Нему день и ночь, хотя и медлит защищать их? сказываю вам, что подаст им защиту вскоре».

Притча о настойчивой вдове

Проповедуя Божье слово собравшимся, Иисус прибегал к притчам (От Марка, 4:33-34). Притча о настойчивой вдове, на которой основана эта глава, открывает нам истину о важности постоянной молитвы, учит нас неустанно молиться и никогда не отчаиваться.

Настойчиво ли вы молитесь в надежде получить ответ от Бога? Уклоняетесь ли вы от молитвы или падаете духом, если Бог до сих пор не ответил вам?

В жизни каждого человека встречаются многочисленные трудности, малые и большие проблемы. Когда мы проповедуем Евангелие, говоря о Боге Живом, то люди приходят в церковь разрешить свои проблемы или получить утешение.

Вне зависимости от причины, когда люди приходят в церковь, принимают Иисуса Христа и прославляют Бога, они узнают, что, как дети Божьи, они могут получить все, о чем просят, и становятся молитвенниками.

Все дети Божьи должны понять из Слова Божьего, какая молитва угодна Богу, в чем сущность молитвы, хранить веру и не переставать молиться, пока не принесут плод молитвы – ответ от Бога. Поэтому верующие знают о важности молитвы и молятся постоянно. Даже если Бог не отвечает на их просьбы сразу, они не совершают грех уклонения от молитвы, а, наоборот, еще сильнее взывают к Господу.

Только такая вера приносит плод и служит к большей славе Бога. Но, несмотря на то, что многие считают себя верующими, трудно найти человека с сильной верой. Поэтому Господь заметил с сожалением: *«Но Сын Человеческий, придя, найдет ли веру на земле?»* (ст. 8).

В одном городе жил судья неправедный, и вдова приходила к нему, умоляя его защитить ее от обидчика. Судья, будучи неправедным, рассчитывал на мзду от вдовы, но бедная женщина не могла позволить себе и небольшого подарка. Она продолжала постоянно приходить к судье, и он каждый раз отказывал ей. Но однажды сердце судьи изменилось. Знаете почему? Давайте послушаем, что сказал судья неправедный:

> *«Хотя я и Бога не боюсь и людей не стыжусь, но, как эта вдова не дает мне покоя, защищу ее, чтобы она не приходила больше докучать мне» (От Луки, 18:4-5).*

Вдова не сдавалась и продолжала приходить к судье со своим прошением. И даже судья неправедный, в конце концов, не выдержал и удовлетворил ее просьбу.

Рассказав эту притчу, Иисус показал нам, как мы должны

молиться, чтобы получить ответ от Бога: *«Слышите, что говорит судья неправедный? Бог ли не защитит избранных Своих, вопиющих к Нему день и ночь, хотя и медлит защищать их? сказываю вам, что подаст им защиту вскоре».* (ст. 6-8).

Если даже неправедный судья услышал прошение вдовы, разве Бог не ответит Своим детям, взывающим к Нему? Если кто-либо решился просить о чем-то, то, пребывая в посте, ночном бдении и борении, он вскоре получит Божий ответ. Многие из вас, я уверен, слышали примеры того, как Бог отвечает на настойчивую молитву верующих.

В Псалме, 49:15, Бог говорит нам: *«И призови Меня в день скорби; Я избавлю тебя, и ты прославишь Меня».* Иными словами, отвечая на наши молитвы, Бог рассчитывает, что мы воздадим Ему всю честь. Иисус напоминает нам в Евангелии от Матфея (7:11): *«Итак, если вы, будучи злы, умеете даяния благие давать детям вашим, тем более Отец ваш Небесный даст блага просящим у Него».* Разве может Бог, отдавший ради нас Сына Своего Единородного, не ответить на мольбы Своих возлюбленных детей? Бог желает как можно скорее ответить тем, кто любит Его.

Но почему же многие так и не получают ответы, несмотря на свои молитвы? В Евангелии от Матфея, 7:7-8, в слове

Божьем, обращенном к нам, говорится: *«Просите, и дано будет вам; ищите, и найдете; стучите, и отворят вам; ибо всякий просящий получает, и ищущий находит, и стучащему отворят».* Поэтому невозможно, чтобы наша молитва осталась без ответа. Но Бог иногда не может ответить нам, потому что между человеком и Богом стоит стена греха, или потому что мы еще недостаточно молились, или просто потому что еще не пришло наше время.

Мы должны непрестанно молиться с верой, потому что, когда мы так молимся, тогда мы можем рассчитывать, что Святой Дух разрушит стену греха, отделяющую нас от Бога, и через наше покаяние откроет нам путь к ответу Божьему. Когда Бог сочтет, что мы уже достаточно молились, Он непременно ответит нам.

В Евангелии от Луки, 11:5-8, Иисус снова говорит о важности постоянства и настойчивости в молитве:

«[Положим], что кто-нибудь из вас, имея друга, придёт к нему в полночь и скажет ему: ,,друг! дай мне взаймы три хлеба, ибо друг мой с дороги зашел ко мне, и мне нечего предложить ему''; а тот изнутри скажет ему в ответ: ,,не беспокой меня, двери уже заперты, и дети мои со мною на постели; не могу встать и дать тебе''. Если, говорю вам, он не встанет и не даст ему по дружбе

с ним, то по неотступности его, встав, даст ему, сколько просит».

Иисус учит нас, что Бог не отвергнет настойчивость чада Своего. Наша молитва к Богу должна быть дерзновенной и постоянной. Это не значит, что мы можем требовать от Бога, но мы можем с верой молиться и просить Его. В Библии мы часто читаем об отцах веры, получивших ответы на такие молитвы.

После того как Иаков до утренней зари боролся с Ангелом у потока Иавок, он искренне воззвал к Богу, прося у Него благословений: *«Не отпущу Тебя, пока не благословишь меня»* (Бытие, 32:26). И Бог услышал его просьбу. С тех пор Иаков, получив имя «Израиль», стал праотцом всех Израильтян.

В 15-й главе Евангелия от Матфея мы читаем о Хананеянке, чья дочь была одержима бесами. И вот, она воззвала к Иисусу: *«Помилуй меня, Господи, сын Давидов, дочь моя жестоко беснуется».* Но Иисус не отвечал ей (От Матфея, 15:22-23). И тогда она снова подошла к Нему и на коленях умоляла Его. Иисус же отказал ей, говоря: *«Нехорошо взять хлеб у детей и бросить псам»* (От Матфея, 15:25-26). Но она еще раз с мольбой обратилась к Иисусу: *«Так, Господи! но и псы едят крохи, которые падают со стола господ их. Тогда Иисус сказал ей в ответ: о, женщина! велика вера твоя; да будет тебе по желанию твоему. И исцелилась дочь ее в тот час»* (От Матфея, 15:27-28).

Итак, будем подражать отцам веры и, по Слову Божьему, всегда пребывать в молитве. Молиться мы должны с верой, с чувством полной уверенности в ответе и с пламенным сердцем. Веря, что наш Бог даст нам пожать плоды молитв, мы, непрерывно молясь, станем истинными последователями Христа.

Почему мы должны всегда молиться

Человек не может жить без дыхания; так же и дети Божьи, принявшие Духа Святого, не смогут достичь вечной жизни без молитвы. Молитва есть дыхание нашего духа и диалог с Живым Богом. Если дети Божьи, приняв Святого Духа, не общаются с Богом, они угашают в себе огонь Святого Духа и не могут идти дальше по пути жизни, а, сбившись с него, они пойдут по пути смерти и утратят свое спасение.

Однако, пребывая в общении с Богом посредством молитвы, мы достигнем спасения, так как слышим голос Духа Святого и учимся жить по воле Божьей. Если на нашем пути появятся трудности, Бог укажет нам, как избежать их. И Бог соделает все для нашего блага. Молитва дает нам силу Всемогущего Бога, Который утвердит и укрепит нас в нашей борьбе с врагом дьяволом, чтобы прославить Бога, возрастая в вере, и тогда невозможное для нас станет возможным.

В Библии говорится, что мы должны непрестанно молиться (1-е посл. к Фессалоникийцам, 5:17) и что в этом состоит воля Божья (1-е посл. к Фессалоникийцам, 5:18). Иисус дал нам пример молитвы, постоянно пребывая в общении с Богом вне зависимости от времени и места. Он молился ночью и на рассвете, в пустыне, на горе и во множестве других мест.

Постоянно пребывая в молитве, отцы веры жили по воле Божьей. Пророк Самуил говорит нам: «И я также не допущу себе греха пред ГОСПОДОМ, чтобы перестать молиться за вас, и буду наставлять вас на путь добрый и прямой» (1-я кн. Царств, 12:23). Молитва – это исполнение Божьей воли и Его заповеди; и Самуил прямо говорит, что уклонение от молитвы – это грех.

Когда мы перестаем молиться, прерываем нашу молитвенную жизнь, наш разум засоряется мирскими помыслами, не дающими жить по воле Божьей. А лишаясь Божьей защиты, мы подвергаем себя опасностям. Впадая в искушение, люди начинают роптать против Бога и еще больше удаляются от путей Его.

Именно поэтому Бог напоминает нам в 1-м послании Петра (5:8-9): *«Трезвитесь, бодрствуйте, потому что противник ваш диавол ходит, как рыкающий лев, ища, кого поглотить. Противостойте ему твердою верою, зная, что такие же страдания случаются и с братьями вашими в мире».* Итак, давайте молиться не только в трудные времена, но постоянно, чтобы мы были благословенными детьми Божьими, у которых все хорошо во всех сферах жизни.

В свое время мы соберем плоды

В Послании к Галатам, 6:9, мы читаем: *«Делая добро, да не унываем, ибо в свое время пожнем, если не ослабеем».* Это же относится и к молитве. Постоянно, неустанно пребывая в молитве по воле Божьей, мы в свое время пожнем плоды.

Если нетерпеливый фермер попытается выкопать недавно посеянные семена или не станет ухаживать за молодыми ростками, какая польза будет от его усилий? Мы должны молиться с усердием и постоянством до тех пор, пока не получим ответы на наши молитвы.

Время жатвы зависит и от вида семян, которые мы посеяли. Некоторые семена приносят плод через несколько месяцев, а иные – через несколько лет. Злаки и овощи приносят плод быстрее, чем яблони или женьшень. Чем редкостнее и ценнее плоды, тем больше усилий и времени требуется, чтобы вырастить их.

Мы должны понимать, что чем серьезней наша проблема, тем больше мы должны молиться. Когда пророк Даниил получил откровение о будущем Израиля, он три недели пребывал в трауре и молился. Бог услышал молитву Даниила в первый день и послал Ангела, чтобы укрепить его (Кн. пророка Даниила, 10:12). Но князь тьмы стоял против Ангела Божьего двадцать один день, и он смог прийти к Даниилу только в последний день. И тогда только, Даниил обрел уверенность в том, что Бог слышит его (Кн. пророка Даниила, 10:13-14).

Что бы могло произойти, если бы Даниил сдался и перестал молиться? Несмотря на страдания и потерю сил после полученного откровения, Даниил не переставал взывать к Богу, и Бог ответил на его молитву.

Когда мы усердствуем в молитве веры, Бог посылает нам помощника и показывает путь к получению ответа. Поэтому Ангел, посланный Богом к Даниилу, возвестил ему: *«Но князь царства Персидского стоял против меня двадцать один день; но вот, Михаил, один из первых князей, пришел помочь мне, и я остался там при царях Персидских. А теперь я пришел возвестить тебе, что будет с народом твоим в последние времена, так как видение относится к отдаленным дням»* (Кн. пророка Даниила, 10:13-14).

О чем именно вы просите Бога? Достигает ли ваша молитва Престола Божьего? Чтобы понять смысл откровения, Даниил смирил себя, отказываясь от вкусной пищи, мяса и вина и не умащая себя мастями в течение трех недель (Кн. пророка Даниила, 10:3). И только когда Даниил смирил себя таким образом в молитве по обету, Бог услышал его и послал ответ в первый же день.

Обратите внимание, что, хотя Бог и услышал молитву Даниила в первый же день и послал ответ Свой, Божья весть пришла к пророку только после трех недель. Многие люди, столкнувшись с серьезными проблемами, молятся день-два, однако быстро сдаются. И это указывает на их маловерие.

Наше поколение более всего нуждается в таком сердце, которое верило бы одному только Богу, Который непременно ответит, и упорно молилось бы, независимо от того, в какое время придет Божий ответ. Как мы можем рассчитывать на ответ от Бога, если не упорствуем в постоянной молитве?

Бог посылает дождь по сезону – есть дождь весенний и дождь осенний, и устанавливает время жатвы (Кн. пророка Иеремии, 5:24). Поэтому Иисус сказал нам: *«Потому говорю вам: всё, чего ни будете просить в молитве, верьте, что получите, – и будет вам»* (От Марка, 11:24). Даниил верил в Бога, отвечающего на молитвы, и не переставал молиться до тех пор, пока Бог ни отвечал ему.

Библия учит нас: *«Вера же есть осуществление ожидаемого и уверенность в невидимом»* (Посл. к Евреям, 11:1). Если кто-то перестает молиться только потому, что какое-то время не получает ответ от Бога, то это значит, что в нем нет веры, и он уже не можем рассчитывать на ответ от Бога. Имея истинную веру, человек не станет обращать внимание на обстоятельства, но будет пребывать в постоянной молитве. Такой человек верит, что Бог даст ему пожать то, что посеяно, вознаградит за все добрые дела и обязательно ответит на его просьбы.

В Послании к Ефесянам, 5:7-8, мы читаем: *«Итак, не будьте сообщниками их. Вы были некогда тьма, а теперь – свет в Господе: поступайте, как чада света».* Я молюсь во имя Иисуса Христа, чтобы каждый из вас обрел истинную веру и, постоянно взывая к Всемогущему Богу и получая ответы на все молитвы, вел жизнь, наполненную Божьими благословениями!

Автор –
д-р Джей Рок Ли

Д-р Джей Рок Ли родился в городе Муан, в провинции Джэоннам Южной Корейской Республики, в 1943 году. Начиная с двадцати лет, д-р Ли страдал от различных неизлечимых заболеваний и в течение семи лет жил в ожидании смерти, без всякой надежды на исцеление. Но однажды, весной 1974 года, сестра привела его в церковь, где он, упав на колени, молился, и Живой Бог сразу исцелил его от всех болезней.

С той минуты, как д-р Ли чудесным образом встретился с Живым Богом, он искренне возлюбил Его всем сердцем, и в 1978 году он был призван на служение Богу. Он усердно молился и неустанно постился, чтобы ясно понять волю Божью, полностью исполнить ее и повиноваться каждому слову Божьему. В 1982 году он основал Центральную церковь «Манмин» в городе Сеуле (Южная Корея), и с того момента бесчисленные дела Божьи, включая чудесные исцеления и знамения Божьи, были явлены в этой церкви.

В 1986 году д-р Ли был рукоположен в сан пастора на ежегодной Ассамблее Корейской церкви Христа в Сингкуоле, а спустя ещё четыре года, в 1990 году, его проповеди начали транслироваться в Австралии, России, на Филиппинах и во многих других странах, а также по каналам «Дальневосточной вещательной компании», «Азиатской вещательной компании» и «Вашингтонской христианской радиостанции».

Через три года, то есть в 1993 году, журнал *Христианский Мир* (США) внес Центральную церковь «Манмин» в список пятидесяти лучших церквей мира; колледж Христианской веры в штате Флорида (США) присвоил д-ру Ли степень почетного доктора богословия, а в 1996 году Теологическая семинария Кингсвэй (штат Айова, США) присвоила ему степень доктора христианского служения.

С 1993 года д-р Ли, проведя крусейды в Израиле, США, Танзании, Аргентине, Уганде, Японии, Пакистане, Кении, на Филиппинах, в Гондурасе, Индии, России, Германии и Перу, вошел в ряд лидеров мировой миссионерской деятельности.

В 2002 году, за его труд по проведению ряда впечатляющих объединенных крусейдов, ведущие христианские газеты Кореи назвали его «пастором всемирного пробуждения». Особенно отмечена его Нью-Йоркская евангелизационная кампания 2006 года, прошедшая в «Madison Square Garden», которая транслировалась в 220-ти странах мира.

Также особо отмечен Объединенный крусейд в Израиле в 2009 году, прошедший в международном Центре конгрессов Иерусалима, когда Иисус Христос был открыто провозглашен Мессией и Спасителем. Тогда проповеди д-ра Джей Рока Ли через спутниковое вещание транслировались на 176 стран.

В 2009-м и 2010 годах ведущий христианский мега-портал *In Victory*, а также новостное агентство *Christian Telegraph* назвали д-ра Ли одним из 10-ти ведущих христианских лидеров мира.

По данным на Февраль 2013 года, членами Центральной церкви «Манмин» являются более ста двадцати тысяч человек. Ею основано десять тысяч филиалов и ассоциативных церквей по всему миру, и на данный момент церковь отправила более 129 миссионеров на служение в 23 страны, включая США, Россию, Германию, Канаду, Японию, Китай, Францию, Индию, Кению и многие другие страны.

На момент публикации этой книги д-р Ли издал 84 книги, включая такие бестселлеры, как *Откровения о вечной жизни в преддверии смерти*, *Моя жизнь, моя вера* (I и II), *Слово о Кресте*, *Мера веры*, *Небеса* (I и II), *Ад* и *Сила Божья*. Его книги были переведены на 75 языка мира.

Его статьи на тему христианской веры публиковались в следующих периодических изданиях: The Hankook Ilbo, The JoongAng Daily, The Dong-A Ilbo, The Chosun Ilbo, The Munhwa Ilbo, The Seoul Shinmun, The Kyunghyang Shinmun, The Korea Economic Daily, The Korea Herald, The Shisa News и The Christian Press.

В настоящее время д-р Ли возглавляет многие миссионерские организации и ассоциации. Он, в частности, является главой правления Объединенной церкви святости Иисуса Христа, президентом Международной миссионерской организации Манмин, основателем и главой правлений «Глобальной христианской сети» (GCN), «Всемирной сети врачей-христиан» (WCDN) и Международной семинарии Манмин (MIS).

Небеса I и II

Подробное описание великолепных условий, в которых живут граждане Неба, и красочное описание различных уровней Небесных царств.

Слово о Кресте

Действенное, пробуждающее слово для всех, кто находится в духовной спячке. Из этой книги вы узнаете, почему Иисус является единственным Спасителем и об истинной любви Бога.

Ад

Важная для всего человечества весть от Бога, Который не желает, чтобы хоть одна душа попала в бездну ада! Вы откроете для себя доселе неизвестные подробности жестокой реальности Нижней могилы и ада.

Откровения о Вечной Жизни в Преддверии Смерти

Биографические мемуары д-ра Джей Рока Ли, который был рожден Свыше и избавлен от долины смертной тени, и живет христианской жизнью, ставшей примером для многих.

Мера Веры

Какие обители, венцы и награды приготовлены для нас на Небесах? Эта книга содержит мудрые наставления, необходимые, чтобы измерить свою веру и взрастить ее до уровня полной зрелости.

Пробудись, Израиль!

Почему Бог заботится об Израиле от начала времен и до сего дня? В чем состоит Божье провидение последних времен для Израиля, ожидающего Мессию?

Моя Жизнь, Моя Вера I и II

Аромат духовного благоухания, издаваемый жизнью, которую украсила беспрецедентная любовь к Богу, зародившаяся среди тьмы, холода и глубокого отчаяния.

Сила Божья

Книга, которую необходимо прочитать, предлагает важные жизненные наставления, как обрести истинную веру и испытать чудесную силу Божью.